찬양이 노래 이상의 의미를 갖도록!

찬양을 온몸에 새겨라

ⓒ 생명의말씀사 2012

2012년 6월 15일 1판 1쇄 발행

펴낸이 | 김창영
펴낸곳 | 생명의말씀사

등록 | 1962. 1. 10. No.300-1962-1
주소 | 서울 종로구 송월동 32-43(110-101)
전화 | 02)738-6555(본사) · 02)3159-7979(영업)
팩스 | 02)739-3824(본사) · 080-022-8585(영업)

지은이 | 박광리

기획편집 | 박혜주
디자인 | 오수지
인쇄 | 영진문원
제본 | 정문바인텍

ISBN 978-89-04-21000-8 (03230)

저작권자의 허락없이 이 책의 일부 또는 전체를
무단 복제, 전재, 발췌하면 저작권법에 의해 처벌을 받습니다.

찬양이 노래 이상의
의미를 갖도록!

찬양을 온몸에 새겨라

박광리 지음

생명의말씀사

Contents

- 추천의 글 _ 이찬수 목사   •6
- 들어가면서   •7

1부. 찬양하는데 왜 공허해질까?

1 | 자라지 않는 찬양은 공허하다   •18

2 | 삶과 분리된 찬양은 공허하다   •32

3 | 찬양의 대상을 알지 못하면 공허하다   •45

2부. 나는 누구를 찬양하고 있을까?

1 | 대표적인 호칭 '하나님'을 알라   •60

2 | 하나님의 분명한 이름 '여호와'를 알라   •93

3 | 모든 이름 위에 뛰어난 이름 '예수'를 알라   •101

3부. 찬양이 삶에 연결되도록 온몸에 새겨라

1 | 마음 : 우리 안에 계시는 성령님을 인정하라 •112

2 | 손 : 능력의 하나님을 붙잡아라 •130

3 | 발 : 하나님의 거룩함을 쫓아가라 •142

4 | 얼굴 : 하나님의 영광을 드러내라 •156

5 | 눈 : 믿음의 눈으로 하나님을 바라보라 •171

6 | 입 : 하나님 되심을 선포하라 •182

● 나가면서 •192

: 추천의 글 :

모든 교회마다 하나님께서 주시는 은혜와 감격이 있는 예배를 추구합니다. 하나님을 전심으로 찬양하는 것은 예배를 예배답게 하는 데 매우 중요합니다. 진정한 찬양은 창조주를 아는 데서 나오는 자연스런 반응이어야 합니다. 음악과 분위기로만 마음을 터치하는 것은 진정한 찬양과는 거리가 있습니다. 교회에 발을 들여놓는 순간 누구나 할 것 없이 찬양을 접하게 됩니다. 찬양에 대한 바른 개념이 있다면 그 찬양은 더욱 하나님 앞에 향기로운 예물이 될 것입니다.

오랫동안 분당우리교회에서 찬양인도자로 사역한 박광리 목사는 뜨거운 찬양 뒤에 공허해질 수 있는 마음을 예리하게 지적합니다. 그리고 찬양은 뼛속까지 깊이 하나님으로 가득해야만 선포될 수 있는 신앙의 정수임을 이야기합니다. 찬양의 대상인 하나님을 바로 알 수 있도록, 우리의 찬양이 노래 이상의 의미를 가진 신앙 성장의 도구가 될 수 있도록 우리가 흔히 부르는 찬양의 참 의미를 밝혀주고 있습니다.

이 책을 통해 온 성도들이 찬양이 무엇인지 바른 인식을 하게 되길 바랍니다. 그리고 한국 교회 안에 찬양의 대상인 하나님을 더욱 알아가는 진정한 찬양이 울려 퍼지기를 간절히 바랍니다.

분당우리교회 담임목사 이찬수

● 들어가면서

어느 날 내가 섬기고 있던 교회의 청년부에서 찬양을 인도해달라는 요청이 왔다. 나는 좀 의아했다. 청년부 예배의 찬양은 이미 활기차고 은혜롭다고 알고 있었기 때문이다. 그래서 굳이 내가 찬양을 인도할 필요가 있느냐고 청년부 담당 교역자에게 반문했다. 하지만 청년부 담당 교역자는 꼭 찬양 인도를 해달라며 강력히 요청했기에 나는 이유가 있겠거니 하는 마음으로 허락을 했다.

며칠 후 청년부의 찬양 인도자를 만나서 어떻게 예배를 진행할지 의견을 나누었다. 인도자는 나에게 '기쁨이 넘치는 찬양'이 되도록 찬양을 인도해달라고 말했다. 지금 청년부의 찬양시간도 좋지만 조금 더 성장하길 소망하며, 내가 와서 꼭 새로운 전환점을 마련했으면 좋겠다는 희

망사항을 전했다. 청년부 교역자는 예배를 새롭게 전환하는 계기를 마련하려 했고, 아마도 자체적인 인적 자원으로는 힘겹다고 판단한 것 같다.

이야기를 나눈 후 나는 청년부와 만날 날을 그리며 기도했고, 그 시간을 어떻게 진행할지 고민했다. 기도하고 고민할수록 내 머릿속에서 떠나지 않는 질문이 있었다.

'내가 가서 찬양을 인도한다고 없던 기쁨이 충만하게 될까?'

교회의 메인 찬양 사역자라는 위치가 청년들에게 어느 정도의 영향력을 발휘할 수는 있겠지만 그게 기쁨의 출처가 될 수는 없다는 생각이 들었다. 나는 청년들과 찬양에 대해서 먼저 이야기를 나눌 필요성을 느꼈다. 찬양 속에서 정말 '기쁨'을 누리고 싶다면 우리가 갖고 있는 찬양의 패러다임을 바꾸는 것이 필요하기 때문이다. 나는 그 때 청년부에 가서 이런 이야기를 나누었다.

> 여러분, 안녕하세요. 제가 처음 이 교회를 왔을 때 청년부였습니다. 청년의 신분으로 교회에 등록해 찬양 사역을 시작하고 결혼도 하고 지금까지 사역을 하고 있습니다. 그래서 청년부에 오니 참 반갑고 좋습니다. 저는 오늘 찬양으로 하나님께 예배하기 전에 짧게 이야기를 나누고자 합니다. 이 이야기가 우리가 공동체로 하나님을 진정으로 찬양하는 데 도움이 될 것입니다.

어느 날 주일 사역을 마치고 집으로 돌아가려고 하는데 교회 지하에서 뜨겁게 찬양하는 소리가 들려왔습니다. 가던 길을 멈추고 그곳으로 발걸음을 향해보니 청년부 찬양팀이 예배를 준비하며 연습하고 있었습니다. 밖에서 들려왔던 소리만큼이나 연습 현장은 뜨거웠고 즐겁게 연습하는 모습이 도전이 되었습니다. 그런데 의아하게도 어느 날 청년부 교역자님으로부터 찬양 예배를 인도해달라는 요청이 왔습니다. 진정한 찬양, 하나님 앞에서 기쁨으로 반응하는 찬양과 예배가 펼쳐지길 바란다는 요지의 이야기를 전해 들었습니다. 그래서 제가 지금 이 자리에 서게 됐습니다.

그런데 저는 여러분에게 진정한 기쁨의 찬양을 줄 수 없습니다. 제가 인도한다고 해서 달라질 게 없습니다. 찬양을 온전하게 만들어가는 것은 인도자가 아니라 회중입니다. 인도자가 은혜의 근원지가 되는 순간 그 예배를 하나님으로부터 도둑질하는 것입니다. 인도자는 하나님과 회중의 다리 역할만을 잘 하면 됩니다. 그래서 저는 다리만 될 것입니다. 오늘 이 찬양 예배를 통해 하나님을 만나시길 축복하며 다리가 되어드릴 것입니다.

여러분, 정말 하나님을 찬양하고 싶다면 분명한 전제 조건이 필요합니다. 아주 단순합니다. 하나님이 이 자리에 함께하심을 믿어야 합니다. 이 믿음이 없으면 진정한 찬양은 없습니다.

찬양은 노래가 아니라 하나님에 대한 자랑과 선포입니다. 자랑하고 싶지 않으면 말문을 닫기 마련입니다. 공동체 안에 찬양이 사라진다는 것은 이곳에 계신 하나님을 인식하지 못하거나 아니면 하나님에 대해서 자랑할 것이 없기 때문입니다.

저는 '찬양이 신앙의 성적표'라고 생각합니다. 이유가 있습니다. 성경은 혼자 읽으면서 은혜 받을 수 있고 기도도 혼자 할 수 있습니다. 하지만 찬양은 혼자서만 할 수 없는 속성을 가집니다. 물론 시편기자처럼 홀로 하나님 앞에서 독백하듯 교제를 할 때가 있습니다만 그것은 사실 찬양보다는 기도에 가깝다고 할 수 있습니다. 그래서 찬양을 곡조가 있는 기도라고도 하지 않습니까?

그러나 찬양의 본질은 자랑과 선포입니다. 누가 누군가에 대해서 자랑하는데 들어주는 사람이 없고, 혼잣말로 하고, 거울을 보면서 한다면 이건 이상한 것입니다. 복음의 진리를 믿는 증인은 내가 경험한 하나님을 자랑하고 선포하는 것이 당연합니다. 그런데 찬양하는 우리 스스로의 모습을 보세요. 자랑스럽게 선포해야 할 하나님 앞에서 우리의 반응은 어떻습니까?

찬양이 삶이 되게 하라는 말을 자주 듣습니다. 맞는 말입니다, 그런데 이 말을 오용하는 분들도 계시는 것 같습니다. 이런 분들은 대개 나는 공동체에서 찬양할 때는 조금 소극적인 것처럼 보일지 모르지만 일주일의 삶으로 찬양을 드린다고 주장합니다. 하지만 이것은 불가능한 일입니다. 믿음의 공동체인 교회에서조차 소극적으로 하던 하나님에 대한 자랑과 선포가 세상에서 어떻게 가능하겠습니까?

억지스럽게 적극적으로 찬양할 필요는 없습니다. 믿음의 분량만큼 찬양은 하게 되는 것입니다. 하지만 복음의 진리에 빚진 자라는 생각이 있다면, 예수님이 너무 감사하다면 더욱 적극적으로 하나님 앞에 나아가야 합니다.

찬양은 공적인 선포입니다. 교회 공동체 모두가 우리의 신앙을 부끄러워하지 않고 선포할 수 있었으면 좋겠습니다. 이 성경 말씀을 보십시오.

"누구든지 나와 내 말을 부끄러워하면 인자도 자기와 아버지와 거룩한 천사들의 영광으로 올 때에 그 사람을 부끄러워하리라"(눅 9:26).

"내가 복음을 부끄러워하지 아니하노니 이 복음은 모든 믿는 자에게 구원을 주시는 하나님의 능력이 됨이라 첫째는 유대인에게요 또한 헬라인에게로다"(롬 1:16).

누가복음에서 "부끄러워한다"는 것은 사람들이 어떻게 생각할까를 두려워해서 예수님을 구원자이심을 거부하고 숨긴다는 의미입니다. 반대로 사도 바울이 "부끄러워하지 않겠다"는 고백은 복음을 적극적으로 선포하며 살겠다는 다짐입니다. 제가 찬양이 곧 그 사람의 신앙

성적표라고 한 이유가 바로 여기에 있습니다.

이젠 제가 찬양에 대해서 여러분과 하고 싶은 이야기는 다 한 것 같습니다. 이제 여러분이 찬양할 차례입니다.

나는 20여 년 찬양을 인도하면서 찬양이라는 주제가 나올 때마다 꼭 하고 싶은 이야기가 있다.

첫째, 찬양은 하나님을 아는 지식에서부터 시작된다는 것이다. 이 지식은 우리에게 주신 성경으로부터 얻을 수 있다. 그리고 성경의 문자만을 이해하는 지식뿐 아니라 지금도 동일하게 역사하시는 하나님을 경험함으로 얻는 지식도 포함이 된다. 하나님에 대한 지식이 없다면 우리가 찬양해야 할 대상도 찬양의 내용도 존재하지 않게 된다.

둘째, 하나님을 진정으로 찬양하는 사람만이 삶의 순종으로 연결할 수 있다. 찬양은 자신의 믿음에 대해 부끄러워하지 않는 담대한 선포이다. 교회 공동체 안에서 찬양의 자세를 보면 그 사람의 신앙 점수가 예측이 가능하다. 또한 세상 밖에서도 복음을 가진 자답게 삶을 살아낼 수 있다. 부르심을 받은 성도와 보내심을 받은 성도가 서로 달리 구분되는 것이 아니라 동일한 사람임을 생각해보면 쉽게 이해될 수 있다. 우리를 부르신 이유는 곧 보내심을 위한 목적 때문이라는 것이다. 우리를 부르신 하나님에 대한 자신감 있는 선포 없이 세상을 향해 나가는 담대함은 존재할 수 없다.

그런데 이런 고민을 나만 하고 있는 것이 아니다. 수많은 찬양과 예배에 관련된 책자들이 이구동성으로 이러한 맥락의 주장에 동감을 표한다. 하지만 방법에 있어서 무엇을 어떻게 해야 하는지에 대해서는 구체적으로 답을 알려주지 못하고 있는 것이 현실이다. 때로는 탁상공론처럼 이론으로 끝나버리는 경우도 많다. 찬양에 대한 고민은 어떻게 해서든 답을 내리고 실천적인 방향으로 나아가야 한다. 어떻게 하면 하나님을 아는 지식으로 진정한 찬양을 할 것이며 그 진정한 찬양이 삶의 순종으로 드러날 수 있을 것인가?

우리는 성경을 통해서 대안을 찾아볼 수 있다. 유대인들이 자녀를 교육할 때 율법을 그들의 삶에서 멀어지지 않도록 하기 위해서 강제적으로 부착시키는 장면들이 나온다.

"이스라엘아 들으라 우리 하나님 여호와는 오직 유일한 여호와이시니 너는 마음을 다하고 뜻을 다하고 힘을 다하여 네 하나님 여호와를 사랑하라 오늘 내가 네게 명하는 이 말씀을 너는 마음에 **새기고** 네 자녀에게 부지런히 **가르치며** 집에 앉았을 때에든지 길을 갈 때에든지 누워 있을 때에든지 일어날 때에든지 이 말씀을 **강론할 것이며** 너는 또 그것을 네 **손목에 매어** 기호를 삼으며 네 **미간에 붙여** 표로 삼고 또 네 집 문설주와 바깥 문에 **기록할지니라**"(신 6:4-9).

이스라엘이 꼭 기억해야 할 것, 바로 하나님은 유일한 참 신이시니 너희는 모든 삶을 다 드려서 하나님만 사랑하라는 것임을 천명하는 장면이다. 그런데 이 선포가 한 번으로 끝나지 않고 일평생 반복하기 위한 방법이 6-9절에 상세히 나와 있다. 동사들을 살펴보면 "새기고", "가르치고", "강론하고", "손목에 매고", "미간에 붙이고" 그리고 "기록하라"는 것이다.

상대방인 자녀에게 해야 할 동사 "가르치고"와 "강론하고"를 빼면 자기 스스로 해야 할 동사가 추려진다. 그것은 "새기고", "손목에 매고", "미간에 붙이고", "기록하라"는 것이다. 다시 말해 우리가 어디에 있든 무엇을 하든 하나님이 참 신이시며 전심으로 사랑해야 할 유일한 대상이심을 인식할 수 있도록 적극적으로 행동하라는 것이다.

잠언에도 같은 맥락의 말씀이 언급되고 있다.

"인자와 진리가 네게서 떠나지 말게 하고 그것을 네 목에 매며 네 마음판에 새기라"(잠 3:3).

"그것을 항상 네 마음에 새기며 네 목에 매라"(잠 6:21).

왜 이렇게까지 강제적인 방법을 동원해서 억지스럽게 율법, 즉 하나님의 말씀을 기억하고 지키게 하시려는가에 대해 의아할 수도 있다. 그러나 매일의 삶을 스스로 바라볼 때 우리가 얼마나 쉽게 하나님을 잊고 세상의 유혹에 무너지는지 부인할 수 없다.

  오늘날 찬양이라는 것이 예배의 한 순서로 퇴락되면서, 아무 노력 없이 가장 쉽게 흥얼거리면서 은혜 받을 수 있는 방법 중 하나가 되어 버린 것이 너무 안타깝다. 찬양이야말로 뼛속까지 깊이 하나님으로 가득해야만 선포될 수 있는 신앙의 정수이다.

  잠언에서 "목에 매라"는 것은 마음에 새기는 것만으로는 부족하다는 것이다. 즉 네가 마음을 다해 섬기고 있는 하나님을 외적으로도 알 수 있게 표식을 하라는 거다.

  나는 진정한 찬양을 위한 대안이 하나님을 우리의 온 몸에 새기고, 매고, 붙이고, 기록하는 수고로움을 기꺼이 감당하는 것이라 말하겠다. 이 이야기를 함께 나눠보고자 하는 것이 이 책을 쓰게 된 배경이다. 말씀 앞에서 나의 온몸에 하나님에 대한 지식을 새겨 넣으며, 온몸이 하나님을 찬양하게 하며, 온몸으로 순종하게 하고자 하는 열망을 다시금 가져본다.

1부. 찬양하는데 왜 공허해질까?

1. 자라지 않는 찬양은 공허하다
2. 삶과 분리된 찬양은 공허하다
3. 찬양의 대상을 알지 못하면 공허하다

1 | 자라지 않는 찬양은 공허하다

흉내 내는 찬양

나에게는 4살짜리 아들이 있다. 이 아이는 주일에 어른들이 드리는 대예배를 좋아한다. 다른 아이들은 여기저기 떠들고 돌아다닐 때도 이 녀석은 엄마 무릎에 앉아서 예배에 집중한다. 찬양할 때도 대표기도를 할 때도 목사님이 설교를 할 때도 예배의 한 장면이라도 놓치지 않으려고 집중한다.

우리 아들이 왜 이렇게 요동도 없이 예배에 집중하는지 처음에는 의아했는데 나중에 이유를 알게 됐다. 이 아이에게 있어서 목사님의 설교는 자신의 놀이를 위한 준비시간이었다. 아이에게는 길 수 있는 40분의 설교 시간 내내 이 아이의 머릿속에는 '나도 집에 가서 저렇게 해봐야지' 하는 흥분된 마음이 가득 차 있는 것이다.

손짓과 몸짓 그리고 목소리와 말투를 유심히 지켜보다가 예배를 마치고 집에 돌아가면 겉옷을 벗자마자, 마이크와 비슷하게 생긴 막대기를 찾아 소파 사이의 틈에 밀어 넣는다. 목사님이 설교하실 때 사용하시는 마이크라고 생각하는 것이다. 그리고 목사님의 어투와 몸짓을 그대로 따라하면서 웅얼거리는 말로 설교를 시작한다. 때론 뜻 모를 내용들을 외치며 선포하듯이 연설도 한다. 옆에 물 컵도 가져다 놓고 가끔씩 물도 마셔가면서 말이다.

뿐만 아니라 주일날 불렀던 찬양의 가사를 어떻게 알았는지 거의 그대로 따라 부른다. 따라 부르는 정도가 아니라 가사를 불러주면서 찬양을 직접 인도하기도 한다. 〈주의 영광 이곳에 가득해〉, 〈찬양하라 내 영혼아〉, 〈주와 같이 길 가는 것〉, 〈내가 매일 기쁘게〉 등은 이 아이의 애창곡이다.

찬양을 인도하는 인도자로서 아들의 이런 행동을 보면 뿌듯하다. 아이가 하는 '목사님 따라하기' 행동을 녹화하고 그 동영상을 주변 사람에게 보여주기도 한다. 그러면 주변 사람들은 어쩜 아이가 이럴 수가 있냐며 칭찬을 한다. 아들 칭찬에 기분이 좋았다.

그런데 어느 날 찬양 팀원을 대상으로 세미나를 할 일이 있어서 강의를 준비하다가 갑자기 이런 질문이 떠올랐다. '저렇게 진지한 모습으로

찬양을 하는 우리 아이의 찬양은 진정한 찬양인가?'

과연 어떨까? 어린 아이들은 남이 하는 것을 흉내 내서 모방해 표현한다. '자기만의 생각이나 표현방식'이 없기 때문에 남의 것을 그대로 수용하고 자기 것인 양 따라하는 것이다. 그렇다면 4살짜리 아들 녀석의 찬양은 진짜 찬양인가?

창조자이신 하나님께서 모든 피조물들에게 찬양할 수 있는 무언가를 심어놓으셨는지 우리는 알 수 없다. 돌들로도 소리치게 하실 수 있는 것이 하나님의 능력이다. 하지만 4살짜리 아이의 노래를 찬양이라고 말하기는 어렵다.

4살짜리 아들은 분명히 겉으로는 찬양을 하는 것처럼 보이지만 진정한 찬양은 아닌 것이다. 왜 그런가? "주의 영광 이곳에 가득해"라고 아무리 선포한다 할지라도 그 아이는 '주님'이 어떤 분인지 '영광'이 무엇인지 전혀 알지 못하기 때문이다. 그저 흉내 내기 놀이일 뿐이다. 이 아이에게 있어서 찬양은 자기가 자주 보는 어린이 만화에 나오는 노래들과 다를 바가 전혀 없다. 그러나 하나님은 만화에 나오는 주인공이 아니시다.

그렇다면 우리는 과연 '주님'이 어떤 분인지 '영광'이 무엇인지 알고 찬양하고 있을까?

걸음마 수준의 찬양

찬양을 인도하다보면 회중들의 찬양하는 모습도 제각각이다. 어떤 분은 눈을 감고, 혹은 손을 들고 찬양을 하고 때론 찬양에는 별 관심이 없다는 듯 입만 뻥긋거리는 분도 있다. 어떤 분은 감격의 눈물을 흘리기도 하고 어떤 분은 아무런 표정도 없이 그저 멀뚱하게 있다. 심지어 예배 순서지를 뒤적거리는 분도 있다.

손을 들고 눈물을 흘린다고 해서 온전한 찬양이라고 판단할 수 없고, 무표정하게 입만 벌리고 있다고 해서 진심이 담기지 않은 찬양이라고 평가할 수도 없다. 오직 하나님만 그 중심을 아실 것이다. 문제는 많은 사람들이 찬양의 외적인 모습으로 그 사람의 찬양의 온전함을 평가하는 경향이 있다는 것이다.

어느 날 교회에서 찬양 세미나를 기획하며 회의를 했다. 어떤 분을 강사로 모실지 논의하는 과정에서 찬양에 대한 서로 다른 입장을 발견하게 되었다. 한 목사님은 요즘 우리 교회 성도들이 목사님의 설교나 찬양에 반응이 너무 적은데, 성도들이 반응할 수 있도록 성경적으로 교육해야 한다는 입장이었다. 찬양은 하나님이 하신 일에 대한 선포인데, 이미 십자가의 사건만으로도 충분히 선포할 수 있어야 한다는 것이었다. 나도 이 부분은 동의한다. 하지만 그 방법에는 동의할 수 없었다.

그 목사님은 성도들이 찬양이 '터질 때까지' (이런 표현이 한국교회 안에서 자주 사용되는데 풀어서 설명하자면 '그 찬양이 은혜가 될 때까지' 정도가 될 것이다.) 여러 번 반복해서 찬양 안에서 예배의 감격을 느끼도록 강하게 인도해야 한다는 의견이었다. 그리고 성경적으로 박수치고, 손을 들고, 무릎을 꿇는 의미를 알려주고 그렇게 반응할 수 있도록 교육해야 한다는 것이었다.

그러나 이 부분에서 나의 입장은 달랐다. 그런 교육이 필요 없다는 거부가 아니라 순서가 잘못되었다는 것이다. 닭이 먼저인지 아니면 달걀이 먼저인지의 싸움과도 같지만, 나는 온전한 찬양은 교육에 의해서 '되는 것'이 아니며, 하나님이 어떤 분인지 알고 그분을 경험하는 데서 나오는 '자연스러운 반응'이어야 한다고 생각한다. 그렇기 때문에 성경에 찬양할 때 보이는 외적 행동이 나와 있다 할지라도 그것을 교육을 통해서 유도하기보다는 시간이 걸리더라도 그런 반응이 자연스럽게 나오도록 도와주어야 한다는 입장이었다.

어린 아이 때 올바른 습관을 교육하는 것은 마땅한 일이다. 하지만 그것이 왜 중요하고 왜 그렇게 해야만 하는지에 대한 훈련이 빠지면 그 아이는 결코 어른으로 성장할 수가 없다. 우리의 육체는 하나님의 창조 질서에 따라 시간이 지나면 자동으로 자라게 되어 있지만, 우리의 영혼은 끊임없는 죄성과 싸워나가지 않으면 성장하지 않는다.

교육된 찬양의 겉으로 드러나는 반응은 마치 성장한 어른처럼 보이게 할 수는 있겠지만, 오히려 성숙한 찬양으로 나아가는 길을 방해할 수 있음을 기억해야 한다.

어린 아이를 벗어버리라

사도 바울은 말했다. "내가 어렸을 때에는 말하는 것이 어린아이와 같고 깨닫는 것이 어린아이와 같고 생각하는 것이 어린아이와 같다가 장성한 사람이 되어서는 어린아이의 일을 버렸노라 우리가 이제는 거울로 보는 것같이 희미하나 그 때에는 얼굴과 얼굴을 대하여 볼 것이요 이제는 내가 부분적으로 아나 그 때에는 주께서 나를 아신 것같이 내가 온전히 알리라"(고전 13:11-12).

찬양을 이 말씀에 적용해본다면 우리의 찬양도 어린 아이와 같을 수 있다. 찬양이 순수하다고 좋은 것이 아니다. 아무리 순수하다 해도 하나님에 대해 지식적으로 인격적으로 경험적으로 알지 못하고 찬양한다면 그것은 4살짜리 아이의 찬양밖에 안 되는 것이다. 하나님과 무관한 찬양은 자기감정을 표현하거나 자기가 알고 있는 찬양곡을 뽐내는 아이와 같은 찬양이다. 뭐가 뭔지도 모르는데 그냥 따라하는 노래와 같은 것이다.

온전한 찬양은 하나님을 아는 지식이 충만하여 그 충만함이 터뜨려지는 폭발과도 같은 것이다. 이것이 성숙한 성도들의 찬양이다. 우리 신앙의 여정은 분명하다. 장성한 사람, 즉 그리스도의 분량까지 자라는 것이다. 우리의 찬양도 날마다 점점 자라가야 한다.

예배 준비로 전락한 찬양

우리의 찬양에 대한 태도와 인식을 점검할 필요가 있다. 찬양을 가장 쉬운 것으로 여기는 사람들이 있다면 그건 큰 착각이라고 감히 말하고 싶다. 예배 전이나 교회 행사 전에 **빼놓지** 않고 성도들과 함께 찬양하는 시간을 배정하는데, 그런 찬양 순서가 찬양을 경솔히 여기게 만드는 데 한몫하고 있다. 시간의 한 부분을 때우는 시간이 찬양이라는 생각을 심어줄 수 있기 때문이다.

요즘은 많은 교회에서 예배 앞부분 시간을 떼어서 회중과 함께 부르는 찬양 시간을 갖는다. 20여 년 찬양 인도를 해오면서 이런 회중 찬양에 대해서 회의적인 감정을 느낄 때가 많다. 교회 주보에는 예배 시작 15분 전에 찬양을 한다는 안내 문구가 적혀 있다. 이런 문구를 보면 회중들은 15분 동안의 찬양은 예배와 별개라고 느낄 수 있다. 작은 부분이지만 예배하러 온 성도들이 찬양을 가볍게 생각하도록 하는 하나의 상징적인 부분이라고 할 수 있다.

준비 찬양이라고 생각하는 회중에게 찬양 인도자로서 15분 동안 무언가를 제공해야 한다는 부담감이 들 때가 한두 번이 아니다. 마치 서비스업 종사자 같은 기분이다. 과연 찬양이 이런 것인가? 찬양에는 분주함 속에서 교회로 나온 사람들의 마음을 열 수 있도록 하는 긍정적인 기능이 있는 것도 사실이다. 하지만 그 기능은 아주 일부분일 뿐이다. 찬양은 예배를 시작하기 전에 사람의 마음을 열고, 예배를 준비하도록 하기 위한 목적이 아니다. 성경 어디에도 찬양의 그런 기능을 찾아볼 수 없다.

찬양은 단순한 예배의 수단이 아니라 삶의 목적이다. 좀 더 풀어 설명해보자면 '어떻게 하면 좀 더 온전한 찬양으로 나아갈 수 있을까?' 고민하면서 하루하루를 살아가야 한다는 것이다. "이 백성은 내가 나를 위하여 지었나니 나의 찬송을 부르게 하려 함이니라"(사 43:21). 찬양은 우리가 생각하는 것보다 훨씬 더 큰 의미가 있다.

찬양을 결코 쉽게 부르지 말라

우리가 자주 부르는 찬양 중에 〈문들아 머리 들어라〉라는 곡이 있다. 그 노래의 가사는 시편 24편을 중심으로 쓰였다. 법궤를 성막 안으로 모시면서 불렀던 찬양으로 알려져 있는 찬양시이다.

"문들아 너희 머리를 들지어다 영원한 문들아 들릴지어다 영광의 왕이 들어가시리로다 영광의 왕이 누구시냐 강하고 능한 여호와시요 전쟁에 능한 여호와시로다"(시 24:7-8).

수년 전부터 이 찬양을 부를 때마다 역동성 때문에 강렬한 무언가를 느꼈다. 하지만 그 의미가 도대체 뭔지에 대해서 막연함이 있었다. 도대체 "문"은 뭐고, 그 문을 "들라"는 것은 무슨 의미일까? 이런 질문들이 머릿속을 떠나지 않았다.

아마 많은 사람들이 이런 의문을 갖고 찬양을 부르고 있는지도 모르겠다. 그러나 그 누구도 명확하게 설명해주는 사람이 없다. 마치 그런 단어 하나하나의 의미는 중요하지 않은 것처럼 느껴진다. 그런 분명한 인식 없이도 충분히 뜨겁게 찬양할 수 있었기 때문이라는 생각이 든다. 그러나 과연 그 찬양을 부르며 느끼는 그 뜨거움은 어디로부터 온 것일까에 대한 의문은 여전히 남는다.

이 찬양을 부를 때 내가 그리는 이미지를 이야기하는 것이 도움이 되었으면 좋겠다. 예전에는 전쟁에서 승리한 왕이 승전가를 부르며 돌아올 때 개선문 주변으로 많은 사람들이 모여들어 왕을 우러러보며 환호했다. 머리를 든다는 것은 승리한 왕을 바라보는 것을 상징하는 것이다. 주변의 사람과 더불어 생명이 없는 '문' 자체도 온 우주의 주권자요 창조자 앞에서 머리를 든다는 의인화된 표현이다. 그 어떤 만물도 하나님이 승리자임을 모르는 존재는 하나도 없다는 강력한 표현이다.

또한 머리를 든다는 것은 적들보다 더 높은 위치에 올라감으로써 적들로부터 승리를 쟁취함을 보여주기도 한다. 시 3:3에는 "여호와여 주는 나의 방패시요 나의 영광이시요 나의 머리를 드시는 자니이다"라고 말하고 있다. 시 27:6에서도 "이제 내 머리가 나를 두른 내 원수 위에 들리리니 내가 그 장막에서 즐거운 제사를 드리겠고 노래하여 여호와를 찬송하리로다"라고 고백하고 있다.

이처럼 나는 〈문들아 머리를 들어라〉라는 찬양을 할 때마다 시편의 말씀을 떠올리며 전쟁에 능하신 왕께서 친히 승리하실 뿐 아니라 나 또한 승리하게 하심을 선포한다. 너무 신나고 마음 벅찬 찬양이다.

나는 함께 사역하는 찬양팀원들에게 자주 질문을 던진다. "우리가 부르는 찬양 중에 나오는 단어들의 의미를 잘 아십니까? 예를 들어 거룩과 영광 혹은 공의나 송축 등을 노래할 때 당신은 어떤 의미로 알고 부르십니까? 도대체 주님이 아름답다는 것은 무슨 말일까요?" 등의 질문이다.

또 때로는 구원의 확신에 대한 부분도 질문을 던져 본다. "당신은 거듭나셨습니까? 왜 거듭남에 대해서 확신하지 못하시죠? 은혜를 설명할 수 있습니까? 믿음을 무엇이라고 이해하고 계시나요?" 등이다.

이런 질문을 갑자기 받으면 사실 명확한 답을 못할 때가 많다. 대부분의 사람들은 "그러니까 그게 있잖아요. 왜 그런 거 있잖아요. 뭐랄까…… 그게 알긴 아는데 갑자기 물어보니 답을 못하겠네요"라고 얼버무리곤 한다.

이 책을 읽는 여러분도 지금 한번 시도해보길 바란다. A4 용지를 한 장 펴서 위의 질문들에 대한 답을 적어보라. 그 의미에 대한 설명이 쉽지 않다는 것을 알 수 있을 것이다. 우리는 이런 시도를 통해 가사 한 마디 한 마디가 얼마나 심오하고 깊은 의미를 품고 있는지 알게 된다. 그리고 찬양을 너무 쉽게 노래로만 부르고 있다는 가벼움을 깨닫게 된다.

나는 이 책을 읽는 여러분에게 몇 가지 질문을 통해 도전을 하고 싶다. 거룩이라는 단어 하나만으로도 한 권의 책이 나올 정도로 풍성한 의미를 가지고 있는데, 단지 4, 5분 분량의 노래 속에 이 모든 것을 잘 이해해서 표현하고 있다고 생각하는가? 분명한 의미를 알지 못한 채 불투명한 찬양을 부르는 것에 익숙해져 있진 않은가? 찬양을 이토록 가볍게 부르면서도 찬양에서 은혜를 받는다고 생각하는가? 그렇다면 그 은혜가 과연 하나님으로부터 오는 것인가? 아니면 음악으로부터 오는 것인가?

찬양의 개념을 정의하는 게 중요하다

어느 날인가 큐티를 하다가 눈에 선명하게 들어오는 구절이 있었다.

"혹 피리나 거문고와 같이 생명 없는 것이 소리를 낼 때에 그 음의 분별을 나타내지 아니하면 피리 부는 것인지 거문고 타는 것인지 어찌 알게 되리요 만일 나팔이 분명하지 못한 소리를 내면 누가 전투를 준비하리요 이와 같이 너희도 혀로써 알아듣기 쉬운 말을 하지 아니하면 그 말하는 것을 어찌 알리요 이는 허공에다 말하는 것이라"(고전 14:7-9).

이 내용은 고린도 교회가 영적인 은사, 즉 예언과 방언 등을 남발하면서 그것이 마치 신앙 좋은 증거인 양 떠들어대는 상황을 바울이 비판적으로 꼬집는 내용이다. 아무리 방언을 하고 예언을 하면서 하나님이 주신 비밀스러운 말을 한다 할지라도 사람들이 듣고 덕이 안 되면 공허한 것이라는 말이다.

특히 나팔로 비유한 것은 매우 적절해 보인다. 망대에 선 파수꾼은 적들이 오는 것을 높은 곳에서 보면서 전투에 빠르게 대응할 수 있도록 나팔을 불어야 한다. 높은 음으로 불 것인지 아니면 낮은 음으로 불 것인지를 결정해서 약속된 대로 정확히 불어야만 그 소리를 듣는 사람이 올바른 판단을 하게 된다. 그런데 나팔 소리가 분명하지 않아서 적들이 온다는 것인지 아닌지를 분별할 수 없다면 전투에 빨리 대비하지 못하고 위험한 상황에 놓이게 된다.

어떤 사물이나 개념을 정의하는 것은 사물이나 개념을 보다 분명하게 해준다. 정의가 제대로 되어 있지 않으면 혼란이 생길 수밖에 없다. 각자가 가지고 있는 생각이 다 다르기 때문이다.

예를 들어 찬양을 생각해보자. 어떤 사람은 찬양이라는 개념을 생각할 때 반드시 연주나 노래가 있어야 한다고 생각할 수 있다. 왜냐하면 교회에서 늘 찬양을 한다고 할 때 음악적 요소가 있었기 때문이다. 어떤 사람은 찬양은 노래로 부르는 찬송만이 아니기 때문에 단순히 말로도 가능한 것이라고 할 것이다. 결국 찬양이 무엇인가를 분명하게 정의하지 않으면 '찬양한다' 라는 말은 사람마다 다르게 들려질 것이다.

뿐만 아니라 우리가 찬양할 때 가사에 나오는 많은 단어들에 대해서도 분명한 정의를 갖고 있지 않다면 그 찬양은 온전해질 수 없다. 특별히 하나님에 대해서는 더욱 그러하다. 그렇지 않아도 우리의 지식의 한계를 뛰어넘으시는 하나님이신데, 성경에 근거하지 않은 애매모호한 지식으로는 참된 찬양이 불가능한 것이다.

하나님을 '인식'하며 찬양하라

종교 개혁자 칼빈은 "하나님을 '의식'하는 것과 하나님을 '인식'하는 것을 구별하는 것이 중요하다"라고 말했다. 의식은 '막연하지만 어떤 존재에 대해서 생각하고 있다'는 소극적인 의미인 반면 인식은 '분별하여 알고 있다'는 의미이다. 하나님이 계시구나라는 막연한 의식은 가질 수 있지만 올바른 하나님에 대한 인식이 부족할 수 있다는 것이다.

문제는 하나님에 대한 인식이 부족할 때, 하나님에 대한 의식은 오히려 거짓 신을 만들어내는 잘못된 방향으로 나갈 수 있다. 자신만의 특별한 환경과 상황 속에 맞춰진 하나님을 스스로 만들어내는 오류를 범하는 것이다. 인간에 갇혀진 거짓 신은 한낱 우상일 뿐이다. 다양하게 경험될 수는 있지만 다양한 모습으로 나타나시는 하나님은 결국 한 분이시다.

모세가 하나님께 증거판을 받기 위해 시내산으로 올라갔을 때를 생각해보자. "아론이 그들의 손에서 그 고리를 받아 부어서 각도로 새겨 송아지 형상을 만드니 그들이 말하되 이스라엘아 이는 너희를 애굽 땅에서 인도하여 낸 너희 신이로다 하는지라"(출 32:4).

모세가 늦게까지 돌아오지 않자, 백성들은 불안해하기 시작했다. 그때 아론은 금으로 만든 송아지 형상을 만들고 그것을 하나님으로 생각했다. 하나님에 대해 우리와 함께하신다는 막연한 의식만 갖고 있던 이스라엘 백성은 잘못된 하나님을 만들어낸 것이다. 하나님을 제대로 알지 못했기 때문에 결국 우상숭배라는 죄악을 범한다.

하나님의 존재를 의식하고 찬양하는 것만으로는 부족하다. 하나님을 정확히 인식하는 것이 필요하다. 하나님을 인식하기 위한 유일한 방법은 말씀이다. 우리는 하나님께서 우리에게 드러내주신 만큼만 알 수 있다. 말씀하신 하나님을 통해서 우리는 하나님을 인식한다. 우리는 또한 성령님께 간절히 기도해야 한다. 하나님의 영이 우리를 도와주시지 않으면 우리는 그 말씀을 제대로 인식할 수 없다.

2 | 삶과 분리된 찬양은 공허하다

삶으로 드리는 찬양

신학대학원 시절에 선교학 교수님의 추천으로 〈하나님의 선교〉라는 책을 읽게 되었다. 700페이지가 넘는 두께에 작은 글씨로 빼곡히 적힌 책이었다. 인내를 가지고 한 페이지 한 페이지를 넘기며 읽어나갔는데 문득 한 문장에서 눈을 뗄 수가 없었다.

"찬양 없이는 선교도 없습니다."

이게 무슨 말이지? 찬양은 그저 예배의 한 순서로 20분 혹은 30분 인도자가 회중을 이끌어가는 아주 작아 보이는 요소이고, 선교라 하면 교회의 존재 목적으로 여겨지는 너무나도 커 보이는 단어인데 그러한 선교보다 찬양이 앞서 있다는 것이 믿어지지 않았다. 이 저자는 무슨 말을 하고 싶었던 것일까? 여러분은 이 글귀에 대해 어떤 생각을 가질지 무척 궁금하다.

앞서 책의 첫 부분에서 나는 "찬양은 신앙의 성적표다"라는 말을 했었다. 찬양은 나의 신앙의 모습을 그대로 반영하는 증거이다. 우리는 종종 예배시간에만 열심히 찬양하지 말고 삶 자체가 찬양이 되도록 살아가라는 말을 많이 한다. 그 말을 듣고서 어떤 사람은 mp3에 은혜로운 찬양을 담아 길거리를 걸을 때나 운전을 할 때 그리고 밥을 먹거나 카페에서 커피 한 잔을 할 때도 들으면서 다닐지도 모르겠다. 혹은 틈이 날 때마다 입술을 열어서 하나님을 노래하며 찬양을 올려드릴 수도 있을 것이다. 이렇듯 일상생활에서 찬양을 듣고 찬양을 부르는 것을 삶의 찬양이라고 주장할 수도 있다. 하지만 이러한 반응은 절반만 맞았다고 말하고 싶다.

삶으로 드리는 찬양을 보다 정확하게 정의를 하자면 "당신에 삶에서 하나님을 공적으로 드러내십시오"라는 의미이다. 나는 '공적으로'라는 데 초점을 맞추기 원한다. 찬양이 기본적으로 '선포와 자랑'이라는 개념을 갖고 있다면 이것은 분명히 누구에게나 드러나야 한다. 혼자 생활하면서 찬양을 듣고 부르는 것 역시 내가 공적인 선포를 위해서 준비하고 무장하는 것으로 이해해야 한다. 나에게 주신 은혜와 감격은 누군가에게 영향력 있게 나누어져야 한다.

일본 선교에 힘쓰시는 한 전도사님께 들은 이야기가 이해에 도움이 될 수 있을 것 같다. 일본 사람들에게 세례를 받는다는 것은 아주 각별한 의미가 있다고 한다. 우리교회를 보면 등록 후 6개월 후에 학습을 받고, 다시 6개월 후에는 세례를 받을 수 있는 자격이 주어지고, 대부분은 그 시점에 세례를 받기 마련이다. 세례를 위해서는 신앙문답을 거쳐야 하고 간증문도 적어 제출해야 하지만 그것이 전부이다.

그러나 일본 사람들에게 자신이 예수를 믿고 교회를 다니고 세례를 받게 되었다는 것은 개인적으로 종교를 선택했다는 의미를 뛰어넘는다. 세례식이 있을 때 자신의 가족과 주변 사람들을 초대해서 자신이 예수를 그리스도로 받아들였음을 공적으로 선포한다. 아마도 세례를 받은 일본 사람은 자신의 삶 곳곳에서 마주칠 사람들에게 자신이 예수 믿는 사람임을 드러냄으로써 행동 하나하나를 성경적으로 살아가려고 애쓸 것이다. 나는 이런 모습이 바로 삶 속에서 찬양이라고 생각한다.

미셔널 찬양(missional praise)의 추구

최근에 자주 들려지는 용어 중 하나가 바로 '미셔널(missional)'이다. 사실 이 단어는 영어 문법에 맞는 단어가 아니라 의미를 전달하기 위해 인위적으로 만들어진 단어이다. 많은 분들이 이 단어를 missionary(선교사)와 혼동하는 것 같다. 교회에서 mission이라고 하면 이것은 국내외로 떠나는 선교의 행위 자체를 의미할 때가 많다. 그러다보니 '미셔널'이라는 단어를 볼 때 선교의 형용사적인 의미, 즉 선교적인 교회로 해석하는 것 같다. 다시 말해 '국내외로 선교하는 교회 혹은 국내외로 선교사를 파송하는 교회' 정도로 축소 해석하는 오류를 범한다.

하지만 '미셔널'이라는 단어는 '사명적, 본질적, 핵심적 그리고 추구해야 하는'으로 해석되는 것이 더 맞을 것 같다. 이런 의미로 볼 때 미셔널 처치는 교회의 교회됨을 추구하는 교회로 이해되고, 세상으로부터 부름을 받은 자들의 모임인 교회와 세상을 향해 보냄을 받은 교회가 되어야 함을 강조하고 있는 것이다.

교회는 세상으로부터 선교나 구제 그리고 약자에 대한 관심을 요청받고 있다. 선교나 구제 그리고 사회복지는 세상을 향해서 나가는 실천적 예배의 한 형태라고 이해할 수 있다. 이러한 사역들이 강조되는 이유는 교회가 교회 안으로 모이라는 구심력에 지나치게 치중함으로써 교회의 몸집을 키우는 쪽으로만 애를 써왔기 때문이다. 구심력만 강조되게 되면 교회는 반쪽짜리 교회가 될 수밖에 없다. 온전한 교회, 본질적이 교회가 되려면 이제는 세상을 향해 나아가는 원심력에 관심을 기울여야만 한다.

찬양도 이런 상황에 똑같이 대입해볼 수 있다. 왜 점점 더 교회의 예배가 약화되고 찬양이 힘을 잃는가? 여기에 대한 답을 찾으려면 먼저 다음의 질문에 대한 답을 찾아야 한다. 찬양은 예배의 한 부분인가? 아니면 찬양 자체가 예배인가? 당연히 답은 후자이다.

찬양을 예배 순서에 들어가 있는 한 부분으로 이해하는 한 찬양은 수

단화될 수밖에 없고, 찬양에서 얻어야 하는 효과에만 관심을 갖게 될 것이다. 예를 들어 말씀을 듣기 전에 마음의 문을 여는 수단 혹은 기도의 입을 떼도록 하는 시작점 정도로 찬양이 쓰이는 것이다.

하지만 찬양은 그런 것이 아니다. 찬양은 예배의 전부이다. 삶 속에서 보냄을 받은 성도로서 살아가는 것 자체가 예배이며, 그 사명자의 삶 속에서 나오는 찬양은 진정함이 묻어나게 되어 있다. 하나님이 없는 것처럼 살아가는 사람이 일주일에 하루를 교회 본당에 앉아서 노래 흥얼거리듯이 찬양을 한다면 그 찬양만큼 공허한 외침이 또 어디 있겠는가?

교회가 '미셔널 교회'가 되어야 한다면 찬양 또한 '미셔널 찬양'이 되어야 한다. 공동체 안에서 찬양이 신앙 고백의 선포라면 더 나아가서 세상을 향해서 선포되어지는 찬양이 되어야 한다. 삶에서 치열함이 없다면 예배도 찬양도 없다. 미지근한 신앙의 태도로 하나님을 대하는 게으름이 우리의 뼛속 깊이 박혀 있다면 예배와 찬양은 미지근함을 벗어날 수 없다. 결국 공허한 찬양은 공허한 삶의 반증이며 말씀 없는 내면의 결과물이라고 할 수 있는 것이다.

현실에 뿌리를 둔 찬양

신학대학원에서 공부할 때 나의 마음에 울림이 컸던 과목 중 하나는 '기독교 윤리학'이었다. 기독교 윤리에 대해서는 여러 가지 설명이 가능하겠지만 간략히 예수 그리스도께서 살았던 모습을 닮아가는 것으로 정의할 수 있다. 가난한 자를 돕고, 소외된 자에게 관심을 기울이고, 누군가가 나에게 악으로 다가와도 선으로 대할 수 있어야 한다는 것이다. 어떤 사람들은 사회 부조리에 대항해 목숨을 걸기도 하고, 자신의 기득권을 포기하기도 했다. 대부분의 사람들이 정말 가기 싫어하는 그곳으로 하나님의 마음을 가지고 나가는 사람들이 너무 많다는 것을 알게 되었다. 찬양에 관한 책에서 웬 윤리학 강의냐고 반문할지 모르지만 그렇지 않다. 우리의 찬양이 예수 그리스도를 따르는 제자로서의 삶과 연관성이 없다면 그 찬양은 천박하고 공허한 것일 수밖에 없기 때문이다.

누구보다도 찬양인도자의 경우가 더욱 위험에 노출이 많이 된다. 나는 매트 레드먼의 〈마음의 예배〉라는 찬양을 좋아한다. 내가 예배나 찬양에 대한 본질에서 멀어진다고 느낄 때마다 이 찬양을 하나님께 올려드리며 나 자신을 돌아본다.

한 번의 집회를 잘 치를 수는 있다. 그 집회가 은혜로웠다는 평가를 받을 수는 있다. 성령의 기름 부으심이 가득했다는 말을 들을 수도 있다. 하지만 진짜 예배는 그 다음부터 시작된다는 사실을 놓치면 안 된다.

연극배우나 가수 등 연예인들이 공연하는 동안 그 화려함과 수많은 갈채 속에 마음이 붕 떠 있다가 모든 공연을 마치고 화려한 불은 꺼지고 관객들이 사라졌을 때 오는 공허함이 자신을 짓누른다는 고백을 많이 한다. 연극은 현실이 아니다. 공연은 내가 앞으로 살아갈 실제의 삶이 아니다. 현실 속의 삶은 그렇게 화려하지도 않고 사람들이 나를 그만큼 주목하지도 않는다.

존 파이퍼 목사님이 〈예배〉라는 강의에서 하신 이야기를 귀담아 들을 필요가 있다. 구약시대에 예배는 제사라는 외적인 형식에 기반을 두고 있다. 그렇기 때문에 구약의 제사를 표현하는 대표적인 동사 "샤하"는 '엎드리다, 절하다, 경의를 표하다' 라는 의미이다. 대체적으로 제사의 외적인 모습을 담아내는 단어이다. 신약시대에 넘어오면서 구약시대의 쓰였던 "샤하"는 "프로스퀘네오"라는 헬라어로 번역이 되었고 주로 4복음서나 계시록 등에서만 사용되고 있다.

하지만 바울은 이 단어를 쓰지 않고 있다는 점을 주목해볼 필요가 있다. 바울은 "프로스퀘네오", 즉 엎드려 절한다는 의미의 예배 대신에 "라트류오" 섬긴다는 의미의 단어를 사용하여 예배를 설명한다. 바울은 외적인 모습으로 제사를 설명하던 "프로스퀘네오"로는 신약시대의 예배를 담아낼 수 없음을 알았을 것이다. 바울에게 예배는 구약의 외적인 제사 혹은 제사의 태도 중심의 예배에서 내면의 예배, 즉 예배의 본질을 추구하는 단어가 필요했을 것이다.

바울은 "'라트류오"를 약 90회 정도 사용하고 있다.

"내가 그의 아들의 복음 안에서 내 심령으로 섬기는(라트류오) 하나님이 나의 증인이 되시거니와 항상 내 기도에 쉬지 않고 너희를 말하며"(롬 1:9).

"그러므로 형제들아 내가 하나님의 모든 자비하심으로 너희를 권하노니 너희 몸을 하나님이 기뻐하시는 거룩한 산 제물로 드리라 이는 너희가 드릴 영적 예배(라트류오)니라"(롬 12:1).

"하나님의 성령으로 봉사(라트류오)하며 그리스도 예수로 자랑하고 육체를 신뢰하지 아니하는 우리가 곧 할례파라"(빌 3:3).

등이 대표적인 구절이다.

바울에게 예배는 단순히 외적으로 경외감을 표하는 '절하고 엎드리는' 행위만으로는 부족했다. 그리스도를 닮아가는 삶을 추구하는 것이 예배 안에 포함돼야 했다. "그러므로 우리는 예수로 말미암아 항상 찬송의 제사를 하나님께 드리자 이는 그 이름을 증언하는 입술의 열매니라 오직 선을 행함과 서로 나누어 주기를 잊지 말라 하나님은 이 같은 제사를 기뻐하시느니라"(히 13:15-16).

예배는 철저하게 현실에 뿌리를 두고 있어야 함을 다시 한 번 강조하고 있다. 예수를 그리스도로 믿는 믿음의 선포인 찬송은 노래하는 그 순간으로만 국한되는 것이 아니라 찬송이 끝나고 현실 안으로 들어갔을 때 공적으로 선포되고 보여야 하는 것이다. 하나님은 이렇게 현실 속에 하나님을 드러내는 공적인 선포의 예배를 기뻐하신다.

분리됨 vs. 구별됨

크리스천은 이 땅에 발을 딛고 살아간다. 교회사 속에는 하나님이 요구하시는 거룩함을 이루기 위해 때론 이 땅을 벗어나서 은둔하고 살아간 사람들도 있었다. 하지만 하나님께서 원하시는 거룩은 홀로 이루는 것이 아니라 삶 속에서 이루어내고 더 나아가 이웃에게 영향을 미치는 데까지 나아가는 것이다. 하나님이 우리에게 주신 은혜는 나 한 사람을 구원시키기 위해서가 아니다. 구원 받은 나를 통해 하나님의 은혜를 나타내는 데 목적이 있다. 이 과정을 통해 하나님 나라는 확장되어 간다.

그러나 요즘은 하나님의 거룩을 이루기 위해 세상을 등지고 은둔하며 분리된 생활을 하는 사람들을 찾아보기 힘들다. 오히려 세상을 벗하기 위해 자신의 신앙을 분리시키는 역전 현상이 나타나고 있다. 일주일에 한 번 교회 가고, 헌금하고, 봉사하는 것으로 충분하다고 여기며, 나머지 6일을 확실하게 주일과 분리시킨다. 나머지 6일까지 하나님이 침범하지 못하도록 분리시키는 것 같다. 결국 매너리즘에 빠진 종교생활을 영위하면서 이미 주어졌다고 생각하는 개인 구원에 만족하고 있는 형편이다.

진정한 크리스천은 매일의 삶 속에서 자신이 하나님의 백성임을 천명하는 것을 사명으로 여긴다. "너희는 나에게 거룩할지어다 이는 나 여호와가 거룩하고 내가 또 너희를 나의 소유로 삼으려고 너희를 만민 중에서 구별하였음이니라"(레 20:26).

만민으로부터 구별하였다는 것은 만민이 모르게 빼왔다는 의미가 아니라 '누가 봐도 저 사람은 하나님의 사람이구나'를 알도록 표식을 해주겠다는 의미이다. 또한 우리는 하나님의 백성으로서 그들의 신분에 맞는 삶으로 증명해야 하는 의무가 주어진 것이다.

이런 의미에서 거룩함은 세상의 법을 준수하거나 약자를 돕는 등의 정직과 정의 그리고 자비를 드러내는 윤리적인 삶과 직결되어 있다. 이것은 거룩함을 명령하고 있는 레위기 19장의 대부분의 내용과 일치한다. 너희의 삶은 나의 거룩함을 드러내야만 한다는 명령이다.

'찬양이란 무엇인가'에 대해서 질문하고 답하는 논의들에서 벗어날 필요가 있어 보인다. 찬양에 조금만 관심 있는 사람들도 이미 말이나 글을 통해서 충분히 알고 있다고 생각한다. 이제는 '찬양하고 있는 내가 어떤 존재인가'로 포커스를 이동해야 한다. 찬양 인도자나 찬양팀원들이 연주자들이나 과연 얼마나 많은 사람이 윤리적인 삶을 위해서 가장 낮은 자리에 설까 하는 것이 나의 질문이다. 정말 많은 사람들이 손을 들며 "내가 바로 그런 사람입니다"라고 당당하게 소리쳐 주었으면 좋겠다. 그러나 적어도 나는 이런 질문에 그럴 수 없다는 것이 솔직한 고백이다. 결국 나의 찬양은 천박하고 공허한 것이 될 가능성이 너무나 크다.

우리의 찬양이 하나님께 온전한 찬양임을 과연 무엇을 증명할 것인가 하는 것이 오늘 이 책에서 우리에게 던지는 질문이다. 언제까지 손을 들고 춤을 추고 소리를 지르는 외형적인 현상에 치우쳐 있을 것인가? 이제는 내면의 깊이가 외면의 찬양으로 발산되는 찬양이 회복되었으면 좋겠다. 내 삶이 '찬양하는 그 시간'과 분리되지 않길 원한다.

움직이는 주님의 거룩한 성전이 되라

나의 노래로 주님의 성전을 지으리

높임을 받으소서

이스라엘의 찬송 중 거하신 주님은

거룩하십니다

2011년 고난주간 특별새벽기도회 때 첫 새벽을 열었던 찬양은 바로 〈우리는 주의 움직이는 교회〉라는 곡이었다. 개인적으로 이 찬양을 부를 때마다 마음이 뜨거워지는 대목이 있는데 바로 "나의 노래로 주님의 성전을 지으리"라는 부분이다.

우리는 교회라고 하면 내가 현재 다니고 있는 교회, 즉 어느 위치에 있는 한 건물을 떠올리기가 쉽다. 그리고 예배라고 하면 바로 그 건물 안에서 이루어지는 주일 예배를 생각하게 된다.

하지만 이러한 생각은 교회나 예배에 대한 개념을 너무 한정시키고 축소하는 위험성이 있다. 교회라는 장소가 존재하기 때문에 예배가 가능한 것은 아니기 때문이다. 지정된 곳에서만 하나님의 임재하심을 누릴 수 있는 것도 아니다.

예레미야와 에스겔서를 보면 선지자는 계속해서 "하나님께 돌아오고 회개하라 그러지 않으면 심판이 있을 것이다"라는 메시지를 던지지만,

거기에 맞선 거짓 선지자들의 메시지는 바로 "하나님이 계신 이곳, 그리고 하나님이 선택한 이스라엘이 멸망할 리가 없다"는 잘못된 확신이었다.

우리가 잘 알고 있는 사무엘상 4장도 같은 맥락이라고 할 수 있다. 블레셋과의 전투에서 열세에 빠진 이스라엘의 제사장들이 취한 행동은 여호와의 언약궤를 가져오는 것이었다. 그들은 하나님을 신뢰한 것이 아니고 눈에 보이는 언약궤 자체를 의지했다. 그래서 언약궤가 들어오는 순간 이스라엘 백성은 승리할 것이라는 기쁨에 도취된다. "여호와의 언약궤가 진에 들어올 때에 온 이스라엘이 큰 소리로 외치매 땅이 울린지라"(삼상 4:5). 그러나 결국 이스라엘은 그 전투에서 패배한다.

하나님은 무소부재하시다. 어느 장소에나 계시다는 것이다. 그러나 어느 곳에나 하나님이 계시다고 누구나 그분의 임재를 경험하는 것은 아니다. 다윗은 이것을 잘 알았다. 다윗은 쫓기는 처지에서 너무나도 어려운 시련 가운데 하나님이 계심을 믿고 있었다. 하지만 기도해도 응답이 없는 암울한 상황에 어려워하고 있었다. 바로 그때 그는 이런 고백을 한다. "이스라엘의 찬송 중에 거하시는 주여 주는 거룩하시니이다"(시 22:3).

이 고백은 정말 위대한 고백이다. 다윗은 찬양을 통해서 하나님의 임재의 장소를 적극적으로 만들고 있기 때문이다. 하나님이 거하시는 곳은 항상 그분을 경배하고 찬양하는 곳이다. 왜냐하면 하나님은 찬양 받기에 합당하시며 그분 앞에서는 찬양하지 않을 수 없기 때문이다. 이 사실을 반대로 뒤집어놓고 생각해보면, 찬양이 있는 곳마다 하나님의 임재하시는 보좌가 펼쳐진다고 할 수 있다.

이런 의미에서 "나의 노래로 주님의 성전을 지으리"의 가사가 얼마나 은혜로 다가오는지 모른다. 내가 어디에 있든지 어떤 상황 속에 처해 있든지 찬양 가운데 거하시는 하나님을 믿고 입술을 벌려 그분의 성품을 찬양하고 노래로 찬송할 때 하나님의 보좌가 펼쳐진다는 것이다. 공적인 예배에서뿐 아니라 이제는 일상의 삶 속에서도 우리가 움직이는 주님의 성전이 되어서 하나님의 임재를 경험하며 살아갈 수 있는 것이다.

누군가의 고백이 생각난다. "세상의 노래는 우리에게 감동을 줄 수는 있지만 하나님을 경험하도록 할 수는 없습니다. 하지만 하나님을 찬송할 때 그곳이 바로 하나님이 임재하시는 성전입니다."

우리가 온전한 찬양을 할 때 우리가 어디에 있든 무엇을 하든 그곳은 하나님께서 함께하시는 예배의 자리가 될 수 있다. 우리의 삶이 찬양이 되어야 한다는 것은 이론이 아니라, 찬양할 때마다 하나님을 경험하게 되는 실제이다.

3. 찬양의 대상을 알지 못하면 공허하다

내면을 채우는 말씀

나는 내면을 채울 수 있는 유일한 방법은 말씀이라는 주장을 주저하지 않는다. 말씀이 내 삶을 주장해야 하고, 말씀이 나의 찬양이 되어야 한다.

찬양 중에 "하나님"을 외쳐 부르지만 그 하나님은 그저 입술에 있는 하나님일 때가 많다. 찬양하는 그 순간 더 이상 하나님이 어떤 분인지 마음에 울림이 없다. 왜일까? 그것은 하나님이 어떤 분인지에 대해서 우리가 삶 속에서 고민하고 경험하지 않았기 때문이다.

하나님 앞에 형용사를 덧붙이면 그럴 듯한 멋있는 단어가 만들어진다.

'전능하신 하나님'이 좋은 예이다. 그냥 하나님보다는 전능하신 하나님이 좀 더 마음에 와 닿을 수 있다. 하지만 과연 하나님은 전능하신가? 단 한 번의 고민도 단 한 번의 경험도 없는 사람에게 하나님을 설명하는 전능하다는 단어는 무의미하다. '하나님은 뭐든지 할 수 있나 보다' 정도의 인식을 할 것이다.

이젠 정말 찬양을 의미 있게 해야 할 때이다. 음악적으로나 시스템적으로 교회의 찬양은 그 어느 시절보다 화려해지고 정교해져 있다. 그런데 점점 더 마음을 울리고 삶으로 연결되는 찬양이 줄어들고 있는 것처럼 보이는 것은 나만의 착각이 아닐 것이다. 더 이상 천박하고 공허한 찬양은 하고 싶지 않다.

그렇다면 '찬양이 무엇인지'를 알기 이전에 '하나님이 누구신지'를 알아야 하고, 그 하나님을 '찬양하고 있는 내가 하나님을 잘 알고 있는지'에 관심을 기울여야 한다. 단 한 곡의 찬양을 하더라도 우리는 과연 얼마나 하나님을 의미 있게 영적으로 찬양하고 있는가를 살펴야 하는 것이다.

나는 이 책을 통해 우리의 삶 자체가 찬양이 되도록 노력하려고 한다. 내가 생각하고 내가 행동하고 내가 바라보는 그 모든 순간순간들이 하나님과 무관하지 않으며 찬양으로 연결되도록 하고 싶다.

찬양의 대상을 아는 지식

A.W.토저의 글에서 "하나님을 이해하는 것은 불가능하다"라는 이야기를 본 적이 있다. 나는 그의 의견에 100% 동의한다. 하나님이 알려주시는 데까지만 우리는 하나님께 접근할 수 있다. 그분을 정확하게 정의하고 개념화한다는 것은 불가능하다.

개인적으로 아주 분명히 하나님을 안다고 확신할지라도 그 확신 안에 하나님은 갇혀 계실 수 없는 너무나도 광대하신 분이시다. 이런 분명한 한계 속에서 하나님을 찬양한다는 것은 인도자만이 갖는 부담감은 아닐 것이다.

어느 날 찬양팀을 모아놓고 하나님의 성품에 대해 이야기를 나눈 적이 있다. '하나님의 거룩하심'에 대한 설명을 하기 위해서 나는 오래 전부터 자료를 정리해오고 있었다.

하나님의 거룩이 무엇일까? 주석을 뒤적이고 관련 서적을 읽으면서 가능한 한 논리적이고 체계적으로 답을 찾아보려고 했다. 하지만 한 페이지 두 페이지 정리를 하면 할수록 하나님의 거룩하심이 무엇인지 도저히 알 수가 없었다. 하나님의 거룩하심을 내 지식의 범주에서 효율적으로 정리해보고 싶은 마음은 욕심일 뿐이었다.

이런 측면에서 칼빈은 단지 호기심으로 하나님을 알아가는 것을 경계하라고 했고, 그럼에도 불구하고 처음부터 하나님에 관해 '아무 것도 알 수 없다'고 생각하며 쉽게 포기하는 것 또한 안 된다고 주장했다. 그러니까 하나님에 대해서 모두 알 수 없기 때문에 오히려 더 알고 싶어 하도록 우리 마음에 하나님에 대한 갈망함을 심어놓으셨다는 것이다.

나는 이 의견에 전적으로 동감한다. 나는 찬양의 본질을 '찬양하는 행위'에 있지 않고 '찬양의 대상을 아는 지식'에 두고 있다. 그것이야말로 참된 찬양으로 우리를 인도할 것이라는 데 조금도 의심이 없다. 그렇기 때문에 비록 우리의 언어로 다 표현할 수 없는 하나님이실지라도 그분에 대해 알아가고자 하는 열망은 분명히 우리의 신앙에 큰 유익이 될 것이다.

하나님을 완전히 아는 것은 불가능하지만 말씀을 통해 보여주신 만큼의 하나님이라도 우리의 온몸에 새겨 넣음으로써, 매일의 삶을 살아갈 때 우리의 찬양 속에 그 지식을 녹여낼 수 있기를 원하는 것이다. 또한 일평생 하나님을 향한 앎에 대한 갈증으로 살아가는 것이다.

말씀과 찬양 그리고 예배

요즘은 찬양과 말씀의 상관관계에 대해서 심각하게 고민하고 있지 않는다는 인상을 받는다. 예배마다 찬양의 역할, 기도의 역할, 말씀선포의 역할이 다 고유한 영역인 것처럼 분리되어 있기 때문이다. 찬양하는 사람은 기도나 말씀은 가능한 축소해야 하고 기도인도자는 찬양보다는 기도제목을 나열하는 데 집중하길 원한다. 말씀 선포자가 너무 많이 찬양을 한다거나 기도회를 한다면 회중들은 당황스러울 수 있다.

하지만 이러한 구분은 질서 있는 예배를 위한 목적일 뿐이지 서로 연관 관계가 없기 때문에 강제적으로 구분해야 한다는 의미는 아니다. 공적인 예배를 제외한다면 우리는 말씀과 찬양이 잘 어우러진 예배자의 삶을 만들어내야 한다.

종교개혁자인 루터는 말씀을 강조했지만 그렇다고 해서 설교가 예배의 중심이 된다는 의미는 아니었다. 예배 자체가 하나님의 말씀에 근거해야 한다는 원칙을 뜻하는 것으로 이해한다.

이러한 이해는 종교개혁의 다음 세대라고 할 수 있는 칼빈이나 쯔빙글리도 동의했다. 설교 하나에 목숨 거는 것이 아니라 예배 전체가 말씀에 근거해야 하며 예배 순서조차 말씀에 근거를 찾아야 한다는 것이었다. 즉 예배 행위 전체는 하나님의 말씀에 의해 뒷받침되어야 한다는 것이다.

찬양 또한 같은 맥락에서 이해할 수 있다. 칼빈은 음악이 인간의 마음을 감동시키는 신비한 능력을 가지고 있음을 알고 있었으며 시에 멜로디를 붙일 경우 마음속에 더 깊이 아로새기며 감동을 준다고 했다. 그러나 이러한 음악적인 감동을 긍정적으로만 보지는 않았다. 왜냐하면 음악적인 감동에 치우쳐서 하나님의 말씀이 가려질 위험을 보았기 때문이다. 그는 음악과 가사가 예배에 사용될 수는 있으나 음악이 가사, 즉 말씀을 흐리게 해서는 안 된다는 입장을 가졌다.

쯔빙글리 또한 찬양에 대한 의견을 가지고 있었는데 그는 찬송을 부정적으로 생각했다. 그 이유는 예배 음악이 일반 회중이 이해하지 못하는 가사로 불리고 있었고, 세속적인 선율이 난무했기 때문이었다. 또한 오르간 주자의 너무 뛰어난 기교가 개인의 예술성을 돋보이게 하므로 하나님을 향한 예배의 의미가 퇴색되곤 했다.

이렇듯 종교개혁자들의 특징은 찬송을 절대로 예배의 부수적인 요소, 예배를 돕기 위한 하나의 장식물로 보지 않았다. 그들은 말씀에 근거한 찬양의 가사 한 마디 한 마디를 모든 회중들이 의미 있게 선포하길 원했다.

이러한 전통은 청교도에까지 이어진다. 찬송은 악기의 소리가 아니라 우리의 믿음에 기초한 심장에서 나와야 한다고 했으며 악기 중심의 찬양은 인간의 기분을 즐겁게는 할 수 있으나 영적이거나 진정한 것은 못 된다고까지 극단적으로 주장했다.

이런 의견에 전적으로 동의할 수는 없지만 요즘 찬양을 바라보며 경계해야 할 부분에 대해서 경고하고 있다고 생각한다. 성경 속에서도 노래가 퇴락되어 부정적인 의미로 사용될 때가 있음을 기억해야 한다. 사람들의 흥을 돋울 때나, 우상을 숭배할 때도 음란함과 관계되어 음악이 등장하고 있다.

"모세가 이르되 이는 승전가도 아니요 패하여 부르짖는 소리도 아니라 내가 듣기에는 노래하는 소리로다 하고 진에 가까이 이르러 그 송아지와 그 춤 추는 것들을 보고 크게 노하여 손에서 그 판들을 산 아래로 던져 깨뜨리니라"(출 32:18-19).

"그 날부터 두로가 한 왕의 연한 같이 칠십 년 동안 잊어버린 바 되었다가 칠십 년이 찬 후에 두로는 기생의 노래 같이 될 것이라 잊어버린 바 되었던 너 음녀여 수금을 가지고 성읍에 두루 다니며 기묘한 곡조로 많은 노래를 불러서 너를 다시 기억하게 하라 하였느니라"(사 23:15-16).

그러므로 우리는 찬양이 노래에만 집중되지 않도록 말씀의 기반을 더욱 튼튼히 해야 한다. "네 노랫소리를 내 앞에서 그칠지어다 네 비파 소리도 내가 듣지 아니하리라"(암 5:23)라는 아모스의 고백은 습관에 따라 자기들끼리 흥에 겨워 부르는 노래, 즉 잘못된 찬양에 대해 경종을 울리는 선지자의 울부짖음인 것이다.

하나님을 이미지로 찬양하라

교회에 발을 들이고 처음으로 신앙생활을 하면서부터 가장 많이 접하는 단어가 바로 '하나님'이다. 처음으로 이 호칭을 들을 때 사람들은 어떤 식으로 이해를 할까?

내가 처음 신앙생활을 시작한 초등학교 시절에 사실 하나님은 그냥 교회의 우두머리 정도로 생각했다. 기도하면 들어주고 잘못하면 혼내고 때론 사람으로서 불가능해 보이는 일들을 도와주는 정도로 이해했다. 하나님과 예수님과 성령님을 구분하는 것은 불가능했다. 요즘도 가끔 주변에 이런 사람들을 접할 때마다 나의 초신자 때를 생각하곤 한다.

앞서 언급한 것처럼 하나님을 완전히 이해한다는 것은 불가능하다. 또한 그분을 우리의 편의대로 짧은 언어로써 정리하는 것도 불가능하다. 성경을 다 뒤져서 철저하게 정리를 한다 하더라도 그것이 하나님의 전부는 아니다. 그저 하나님이 우리에게 알려주신 만큼의 하나님이실 뿐이다. 그럼에도 불구하고 우리는 하나님을 알아가는 노력을 멈춰서는 안 된다.

예를 들어 하나님을 이해할 수 없고 우리의 언어로 담을 수 없다고 단정하고 거기서 멈춰 버린다면 우리의 찬양은 공허한 외침이 될 것이다. 찬양을 부르면서도 계속해서 고개를 갸우뚱하게 된다면 이것이야말로 코미디가 아닐까? 이런 의문을 갖고 찬양하는 것은 그나마 낫다. 아예 가사에는 신경조차 쓰지 않고 음악에 심취해 있는 경우는 더욱 심각한 문제이다.

한 곡의 찬양을 올려드릴 때 '그 안에 담겨 있는 하나님을 어찌 제대로 표현해낼 수 있을까?'는 항상 나의 고민이다. 신앙생활을 하는 동안 수천수만 번 불렀던 하나님이 도대체 나에게 어떤 의미로 불리고 있는가를 자주 점검한다.

주기도문으로 기도하면서도 "하늘에 계신 우리 아버지"가 어떤 분인지 깊이 묵상하고 마음을 담아 기도해본 적이 언제인지 가물가물한 것은 비단 나뿐만이 아닐 것이다.

생각보다 쉽게 우리는 망각하며 살아간다. 지난주에 들었던 설교 말씀도 생각해내기 어렵고 심지어 오늘 아침에 읽었던 큐티 내용도 잘 떠오르질 않을 때가 많다. 찬양할 때 그 가사에 담긴 하나님을 끌어내는 일은 더욱 쉽지 않은 일이다.

그렇기 때문에 우리는 자주 등장하는 가사들에 대한 '나만의 이미지'를 갖고 있는 것이 좋다. 어떤 가사가 등장할 때 즉각적으로 반응하는 이미지가 나올 수만 있다면 우리의 찬양은 결코 공허해질 수 없을 것이다.

그것은 하나의 압축된 단어일 수 있고 때론 그림일 수도 있고 더 나아가서 내가 경험했던 사건일 수도 있을 것이다. 이런 상상력이나 이미지를 동원하는 방법은 강력하면서도 매우 효과적인 방법이다.

나의 온몸에 하나님을 새기라

수많은 예배와 찬양에 관한 책을 보면서 찬양이나 예배의 현실에 대한 비판들이 많은 것을 발견한다. 하지만 그 방법론에 있어서는 추상적일 때가 많다. 결국 문제 해결의 방법은 개인이 알아서 해야 하는 독자의 몫으로 남겨지는 것이다.

하지만 나는 어떻게 해서든지 말씀에 근거한 찬양이 되도록 하고 그 찬양이 삶 속에서도 드러날 수 있도록 하는 데 도움을 주고 싶었다. 그래서 생각해낸 것이 우리의 온 몸에 하나님을 새겨 넣자는 발상이었다.

"그러므로 형제들아 내가 하나님의 모든 자비하심으로 너희를 권하노니 너희 몸을 하나님이 기뻐하시는 거룩한 산 제사로 드리라 이는 너희의 드릴 영적 예배니라"(롬 12:1). 거룩함을 우리에게 주신 몸으로 이루어내기 위한 노력이 필요하다. 예배하는 시간뿐만 아니라 우리가 움직이며 살아내고 있는 모든 삶이 예배가 되도록 하기 위한 몸부림이 필요하다.

하나님을 참되게 찬양하며 살기 위해서 우리는 가능한 한 모든 방법을 동원해야 한다. 그러기 위해서는 우리의 온몸이 성전이 되게 하고 머리와 마음과 손과 발과 얼굴과 눈과 귀와 입에 전방위적으로 하나님을 새겨 넣어야 한다. 노래로써 하나님을 찬양하는 그 순간에도 우리의 온몸에 새겨진 하나님을 바라보며 찬양할 수 있도록 해야 한다.

'새기다' 라는 단어를 들으면 즉각 '우상' 이 떠오를 수도 있다. 사실 히브리어에서 우상을 뜻하는 "페셀"은 '새기다' 라는 동사 "파살"로부터 나온 것이 맞다.

그러나 성경에는 우상과 관련해서만 이 동사를 쓰고 있지 않다. "인자와 진리로 네게서 떠나지 않게 하고 그것을 네 목에 매며 네 마음 판에 새기라"(잠 3:3)와 "그것을 항상 네 마음에 새기며 네 목에 매라"(잠 6:21)가

좋은 예이다.

잠 3:3의 "새기며"라는 것은 '기록하라'는 것이다. 학교에서 시험을 볼 때를 떠올리면 쉽게 이해가 될 것이다. 영어 단어 하나를 외우기 위해 책에 밑줄을 긋고 노트에다가 그 단어를 수십 번씩 적으면서 머릿속에 하나를 새겨 넣었다. 하나님의 말씀을 마음에 기록하여 달달 외우라는 명령이다.

또 하나의 단어는 "매며"이다. 이 단어는 '연합하다'라는 의미와 '밖으로 표현하라'는 의미를 가지고 있다. 기생 라합이 붉은 줄로 매달았을 때를 연상하면 쉽게 두 가지 모두 이해가 된다. 라합은 이스라엘이 가나안으로 침입하려는 전략에 마음을 같이 했으며 그 징표로 붉은 줄을 매달아서 자신의 의지를 드러냈다.

잠 6:21의 바로 앞 절인 20절에 보면 "율법을 떠나지 말고"라는 표현이 나오는데 '떠난다'는 의미는 바로 '그냥 방치해 둔다'라는 것이다. 즉, 일주일에 삶 속에서 하나님의 말씀이 있든 없든 상관없이 살아가는 모습을 잘 표현한 것이다.

이렇게 살아가는 인생에게는 22절에 나오는 하나님의 보호와 인도하심이 없다. 우리의 온몸을 하나님으로 새기고 하나님으로 매는 노력을 할 때 하나님의 보호와 인도하심으로 우리 인생을 채워주신다는 약속이 주어진다.

"여호와께서 미워하시는 것 곧 그의 마음에 싫어하시는 것이 예닐곱 가지이니 곧 교만한 눈과 거짓된 혀와 무죄한 자의 피를 흘리는 손과 악한 계교를 꾀하는 마음과 빨리 악으로 달려가는 발과 거짓을 말하는 망령된 증인과 및 형제 사이를 이간하는 자이니라 내 아들아 네 아비의 명령을 지키며 네 어미의 법을 떠나지 말고 그것을 항상 네 마음에 새기며 네 목에 매라"(잠 6:16-21).

우리는 원하든 원치 않든 매 순간 치열한 영적 전쟁 가운데 놓여 있다. 전쟁 중에 가만히 있으면 결과는 당연히 패배이다. 우리는 가만히 있으면 타락하는 존재이다. 하나님을 추구하지 않으면 사단이 우리를 가만히 두지 않기 때문이다. 사단은 우리의 눈을 교만하게 하고, 손은 피 흘리게 하고, 악한 계획을 마음에 품고, 악을 향해 달려가고, 입으로는 늘 거짓과 이간질로 가득하게 한다.

그러므로 우리의 생각은 하나님에 대한 지식으로 채워져 있어야 하며, 우리의 마음은 성령님이 내주하시는 은혜로 따뜻함을 간직해야 한다. 우리가 손을 들어 찬양할 때마다 하나님의 능력의 손을 기억해야 하고, 우리의 발은 하나님의 뜻을 쫓아가는 순종의 걸음이 되도록 해야 한다. 우리의 얼굴은 모세와 같이 하나님의 영광으로 가득 채워져야 하고 우리의 눈은 하나님의 전능하심을 바라볼 수 있는 믿음의 눈이 되어야 하며 우리의 입은 하나님의 하나님 되심을 선포하는 입술이 되어야 한다.

우리의 몸은 거룩한 하나님의 영이 거하시는 성전이다. 우리는 참된 찬양을 통해 하나님의 임재하심을 경험하게 된다. 우리의 몸 곳곳에 하나님의 이미지를 새겨 넣는다면 공허함이 난무하는 찬양이 아니라 말씀에 사로잡혀 하나님만이 영광 받으시는 찬양이 될 것이다.

2부. 나는 누구를 찬양하고 있을까?

1. 대표적인 호칭 '하나님'을 알라
2. 하나님의 분명한 이름 '여호와'를 알라
3. 모든 이름 위에 뛰어난 이름 '예수'를 알라

1. 대표적인 호칭 '하나님'을 알라

호칭, 그 이상의 의미

"아 다르고 어 다르다"는 속담이 있다. 말하는 상황에 따라서 그 의미가 달라진다는 말이다. 우리가 어려서부터 자주 부르는 '엄마'라는 호칭을 예로 들어보자. 학교에 갈 때나 친구를 만나러 집을 나설 때 "엄마 다녀오겠습니다"라고 인사를 한다. 이 때 '엄마'는 단순한 호칭이다.

그러나 청년이 되어 군대를 가게 되고, 살면서 한 번도 경험하지 못한 고된 훈련을 받은 후에 따뜻한 집을 떠올리며 부르는 '엄마'는 엄청나게 다른 의미를 갖는다. 여자들이 처음 출산 후 엄마도 이렇게 고생하면서 나를 낳으셨다는 생각을 하면서 눈물을 글썽인다고 한다. 이때의 '엄마'

는 단순한 호칭이 아니다.

이처럼 군대에서 혹은 출산 직후에 부르는 '엄마'라는 그 한마디에는 수많은 의미가 농축되어 있다. 고통을 견디고 나를 낳아주신 분, 날 입혀주신 분, 날 먹여주신 분, 아플 때에 잠을 이루지 못하면서까지 간호해주신 분, 인생의 길잡이가 되어주셨던 분, 현재의 나를 존재하도록 해주신 분이 바로 '엄마'이다. 때로 우리가 말썽을 부리고 반항할 때에도 아픈 마음을 감추시면서 버텨내신 분이 바로 엄마이다.

그러니까 사실 '엄마'라는 단어에 담긴 깊은 의미는 우리 전 인생의 스토리와 긴밀하게 관련이 되어 있다. 수많은 스토리가 '엄마'라는 한마디에 담겨 있는 것이다.

신앙생활을 하면서 만나는 '하나님'이라는 단어는 '엄마' 만큼이나 친숙하다. 아마 찬양의 가사 중 가장 많이 등장하는 단어가 '하나님'이 아닐까 싶다. 그런데 찬양 중에 '하나님'이라는 가사를 만나면 대부분 크게 의미를 두지 않고 무심코 넘어가기가 쉽다. 신앙생활을 오래 한 사람일수록 '하나님'은 '엄마' 만큼이나 지극히 일상적인 단어이기 때문이다.

그런데 일상적이기 때문에 정말 중요한 것을 놓칠 수 있다. 마치 외출하는 자녀가 집에서 외출할 때 단순한 호칭으로써 '엄마'라고 부르는 것처럼 '하나님'을 부르고 있을 수 있다. '하나님'의 진정한 의미는 너무나도 많이 퇴색된다. 그러나 하나님은 우리가 부르는 찬양의 가사 속에서조차 하나님답게 인정되어지고 높임을 받으셔야만 한다.

'하나님'이 어떤 분인지 말씀을 통해 깊이 있게 알게 된다면 우리가 부르는 찬양에서 공허함은 사라지게 될 것이다. 말씀 속에 바로 그 하나님 때문에 내 삶 속에 간증이 있다면 그 아름다운 스토리를 생각하며 찬양할 수 있다. "아는 만큼 보인다"는 어느 역사학자의 말처럼 "하나님을 아는 만큼 찬양할 수 있다"는 논리 역시 진리이다.

현대 예배 속에서의 찬양은 음악적 요소가 중요하게 여겨지고 중독성 있는 리듬과 자극적인 멜로디가 주도하고 있다. 하나님 말씀과 나에게 경험된 하나님과의 스토리는 상실된 채 공허한 노래만이 난무할 위험성이 너무 크다.

이런 위험성을 극복할 수 있는 대안이 바로 하나님을 알려주고 있는 성경이다. 우리가 자주 부르고 있는 찬양을 말씀에 근거해 분명한 의미를 알고 부를 필요가 있다. 말씀의 중요성은 찬양에서도 예외가 아닌 것이다.

이제 우리 스스로에게 이런 질문을 던져보자. 나는 찬양할 때 '하나님'이라는 단어 앞에서 어떤 생각을 하는가? 어떻게 반응하는가? 어떤 감격이 있는가?

우리가 아무리 발버둥쳐도 하나님의 전부를 알 수는 없다. 하나님은 우리의 지성과 경험을 뛰어넘는 분이기 때문이다. 우리는 그저 성경에서 알려주신 만큼만 그분을 알아갈 뿐이다. 하나님께서는 성경을 통해서 자기 자신을 알려주실 때 인간의 무지함을 미리 아시고 인간의 수준에 맞추어 알려주신다. 그렇기 때문에 우리 자신이 하나님을 잘 알고 있다고 교만할 필요도 없고, 하나님을 알 방법이 없다고 실망할 필요도 없다. 말씀을 통해서 하나님을 알아가는 노력만이 필요할 뿐이다.

나는 찬양할 때 그리고 하나님의 이름이 나올 때마다 내 심령이 뜨거워지고 하나님이 높아지길 간절히 소망한다. 습관에 빠져서 냉랭함으로 생명력 없는 가사를 읊조리는 일은 피하고 싶다. 이렇게 찬양하는 내 모습을 발견할 때 너무나도 괴롭다.

이 책은 크신 하나님을 신학화하거나 단순화하려는 것이 아니다. 우리의 목표는 이렇게 크신 하나님을 우리의 한정된 찬양에 담기 위해 가능한 노력을 감행하는 것이다. 나는 이 책에서 목표로 삼는 것이 있다. "한 마디의 찬양 가사 속에서라도 하나님의 이름이 언급될 때라면 하나님을 하나님답게 올려드릴 수 있는 모든 방법을 총동원할 필요가 있다"는 것이다. 그 방법이 하나님의 말씀에 근거한다면 이것은 분명 의미 있는 것이다.

하나님은 성경 말씀 안에서조차 너무 방대하고 크시기 때문에 그 모든 내용을 찬양에 적용하기는 무리가 있다. 그래서 찬양할 때 자주 등장하는 하나님에 대한 이미지를 우리의 생각에 심는 것을 목표로 하려고 한다. 이 글에 적은 설명조차 하나님에 대한 극히 작은 일부이지만 온전한 찬양을 위해서라면 읽고 또 읽어서 나의 머리에 각인시켜야 한다. 마치 1+1의 답이 2라는 것이 머리에서 입으로 튀어나오듯이 찬양의 순간마다 하나님의 이미지를 떠올릴 수 있다면 우리는 은혜의 강을 자유롭게 헤엄칠 수 있을 것이라 확신한다.

창조자 하나님

창조의 아버지 그 섭리 보이사

택하신 세대 일으키어 이 땅을 고치소서

그의 크신 능력 만물이 사모하니

성령의 기름 부어주사 이 시간 임하소서

주 영광 여기 임하사 열방 향해 그 빛 비추소서

주의 얼굴 구할 때 주의 은혜 머무소서

내가 섬기고 있는 교회에서는 오랫동안 주일 예배의 시작을 〈창조의 아버지〉라는 찬양으로 열어왔다.

창조라는 단어는 너무나도 방대한 의미를 품고 있기 때문에 구체화하는 것이 어렵다. 그렇기 때문에 단순하게 '하나님이 나를 만들었구나' 정도로 축소 해석하곤 한다.

어느 날 찬양팀 세미나 때 창조의 아버지에 대한 나눔을 가진 적이 있었다. 찬양팀원들 역시 마찬가지 반응이었다. 그냥 천지를 만드시고 나를 만드신 하나님이라는 의미를 생각하고 있었다.

분명히 맞는 의미이지만 찬양할 때 뭔가 부족함을 느끼게 된다. 좀 더 창조의 하나님을 깊이 있게 고민하면서 그 이미지를 가지고 찬양할 수 있다면 그 찬양이 얼마나 풍성해질 수 있을까라는 기대감이 있다. 〈창조의 아버지〉라는 찬양을 부를 때 성도들은 어떤 생각과 이미지를 떠올릴 수 있을까?

나는 '창조자 하나님'이라는 가사를 접할 때마다 가슴이 뛴다. 나의 존재의 기원을 안다는 것은 축복이다. 무신론자들은 자신들의 기원을 '우연'이라고 한다. 자신들의 삶에서 경험된 수많은 기쁨의 순간들이나 눈에 보이는 아름다운 자연들이 '우연히' 존재하는 것이기 때문에 자신과 아무런 관계가 없다. 자신을 위한 것이 아니니 감사할 이유도 없다.

하지만 창조된 우리는 그렇지 않다. 모든 피조물들이 하나님께로부터 나왔기 때문에 인간과 관계가 있고 의미가 있다. 로마서 1장은 분명히 말한다. "창세로부터 그의 보이지 아니하는 것들 곧 그의 영원하신 능력과 신성이 그가 만드신 만물에 분명히 보여 알려졌나니 그러므로 그들이 핑계하지 못할지니라"(롬 1:20).

〈창조의 아버지〉라는 가사 안에 "그 섭리 보이사"라는 가사에서 감동이 밀려오는 것은 바로 이런 이유이다. 우리들은 먼저 택함을 받았고 창조되어진 보이지 않는 것들을 믿음으로 믿게 되었기 때문이다. 먼저 은혜를 경험한 "택하신 세대"들은 하나님을 창조자로서 인정하고 모든 피조물들이 가진 이유와 목적들을 발견하여 하나님께 영광을 돌려야 할 책임이 있다.

하나님께 창조된 우리는 살아갈 분명한 목적이 있다. 만물이 하나님께 속하였고 의미 없는 존재는 아무 것도 없다. 모든 피조물들은 서로서로에게 존재의 이유가 된다. 나도 누군가의 사랑과 관심으로 성장하고 있고 나 역시 누군가에게 힘이 되어줄 수 있다.

요즘 자살이라는 이슈가 사회적 문제로 대두되고 있다. 얼마나 힘들었으면 스스로 목숨을 끊었을까 안타까울 뿐이다. 자살의 이면에는 우울증이라는 무서운 질병이 도사리고 있다. 우울증은 더 이상 미래를 보지 못하도록 과거에 자신을 묶어 놓는다. 특히 가장 힘들었던 상황, 자신을 부정적으로 만들었던 과거를 끊임없이 되새기게 만든다. 그래서 나를 만드신 이가 바라는 삶, 내가 서 있어야 할 그곳을 바라보지 못하도록 한다. 우울증은 삶의 목적을 향해 달려갈 힘을 끊어놓는다.

욥을 통해 이런 사실은 더 확실해진다. 욥에게 다가온 고통은 가히 상상을 초월한다. 가족을 잃고, 소유를 잃고, 건강을 잃는다. 그러나 욥은 불평하거나 원망하지 않는다. 다시 말해서 가족과 재산과 건강의 소유권을 자신에게 돌리지 않는 것이다. "이 모든 일에 욥이 범죄하지 아니하고 하나님을 향하여 원망하지 아니하니라"(욥 1:22)라고 성경은 말하고 있다.

내가 가졌던 나의 모든 것들이 나로부터 기인하지 않았음을 아는 것이 지혜이다. 욥은 창조자 되시는 하나님의 절대주권을 인정하고 그분을 오히려 찬양한다. 어머니 몸에서 알몸으로 나왔다가 다시 알몸으로 돌아가는 피조물 됨을 알았기 때문이다. 욥은 하나님이 나에게 무엇을 주셨는가를 통해 찬양하는 것이 아니라 하나님이 어떤 분인가를 생각한다. 그의 찬양을 들어보자. "주신 이도 여호와시오 거두신 이도 여호와시니"(욥 1:21).

나는 이런 생각을 찬양에 담는다. 〈창조의 아버지〉를 부를 때 일차적으로는 내가 만들어진 존재라는 생각을 한다. 그리고 하나님께서 나에게 주신 사명을 되새기면서 내가 살아갈 이유를 발견하고 감사한다. 그리고 다시금 힘을 내자 결심을 한다. 나보다 나를 더 잘 아시는 하나님의 도우심을 구하며 피조물로서의 겸손하게 무릎을 꿇는다. 때론 손을 높이 들고, 나의 목을 숙여 경의를 표한다. 온 우주의 창조자는 우리를 방치하고 내버려 두시는 분이 아니라 "열방의 통치자"로 지금도 이 세상을 다스리시는 하나님이시다.

아름다운 하나님

아름다우신 오 놀라우신

형언할 수 없는 사랑

오 위대하신 하나님의 사랑

영원히 찬양하리

찬양 중에 하나님이 "아름다우시다"라는 표현이 자주 나온다. 나는 이런 가사를 접할 때마다 도대체 어떻게 하나님을 아름답게 표현해야 할지 당황스러울 때가 많다. 아름답다는 것은 보이는 사물이 보기 좋을 때 하는 감탄인데, 영이신 하나님께 어떻게 적용될 수 있는가라는 생각이 든다. 하나님을 향해 "아름다우시다"라고 선포할 때 우리는 어떤 의미를 생각하면서 찬양해야 하는 것일까?

언젠가 불빛 하나 없는 깜깜한 밤하늘에 쏟아질 듯한 별들을 보며 "와 정말 아름답다"라는 감탄을 연발한 기억이 있다. 우리는 무한한 우주 앞에서 경이로움을 느낀다. 경이로움은 놀라움이다.

나는 아이와 함께 종종 수족관을 간다. 아이에게 신기한 물고기들을 보여주고 싶기 때문이다. 그런데 정작 수족관에 가면 아이들보다 내가 더 즐겁다. 태어나서 처음 본 열대어들이 즐비하다. 형형색색의 열대어뿐 아니라 사람 크기의 몇 배가 되는 큰 물고기들도 많다. 자세히 들여다봐야 보일 정도로 작은 물고기들도 있고, 생김새도 너무 다양하다. 그런 물고기들을 볼 때마다 나도 모르게 "와아" 하고 탄성이 나온다. 어쩌면 저렇게 예쁜 색깔을 가질 수 있을까? 어쩌면 저렇게 생겼을까? 어쩌면 저렇게 큰가? '어쩌면' 이라는 단어를 연발한다.

하나님이 경이롭다는 것은 바로 내가 상상할 수 있는 그 이상이라는 의미이다. 수족관에 있는 물고기는 이 세상 바다 속에 사는 생명체의 일부분일 뿐이라는 것도 놀랍다. 가끔 신문을 보면 처음 발견한 물고기 어종이 소개될 때가 있다. 심해 깊은 곳에 사는 물고기들은 아직 연구조차 안 되어 있는 상황이라고 한다.

피조물의 일부분을 보면서도 놀람의 연속이라면 그 피조물의 창조자가 되시는 하나님의 경이로움은 우리의 상상을 초월하는 것이다. 그 경이로움은 너무나도 아름다운 실체를 볼 때 자연스럽게 나오는 감정이다. 이처럼 아름다움과 경이로움은 하나의 세트와도 같다.

시편 8편에서는 다음과 같이 하나님을 표현하고 있다. "여호와 우리 주여 주의 이름이 온 땅에 어찌 그리 아름다운지요 주의 영광이 하늘을 덮었나이다 주의 대적으로 말미암아 어린 아이들과 젖먹이들의 입으로 권능을 세우심이여 이는 원수들과 보복자들을 잠잠하게 하려 하심이니이다 주의 손가락으로 만드신 주의 하늘과 주께서 베풀어 두신 달과 별들을 내가 보오니 사람이 무엇이기에 주께서 그를 생각하시며 인자가 무엇이기에 주께서 그를 돌보시나이까."

여기서 "아름다운지요"라는 히브리어 동사는 "아다르"인데 이것은 '넓다, 크다' 라는 의미를 포함하고 있다. 그러니까 '아름답다' 는 말은 우리가 하나님을 도저히 뭐라고 표현할 방법이 없어서 궁여지책으로 선택한 단어일 뿐이다.

하나님은 너무 크시다. 또한 너무 넓으시다. 우리가 측량할 수 없다. 그렇기 때문에 '아름다운 하나님' 을 찬양할 때, 우리는 "하나님, 다른 언어를 찾을 수 없어 너무나도 부족한 표현으로 하나님을 찬양합니다"라는 겸손함을 갖추어야 한다.

"피조물이 창조자 하나님을 다 이해할 수 있다면 그 하나님은 이미 하나님이 아니시다"라는 역설이 있다. 이것은 진리이다. 하나님은 도저히 상상할 수 없는 크고 넓으신 분이시다. 이것은 모든 피조세계에 해당이 된다. 경이로운 하나님은 자연세계뿐만 아니라 우리 인생의 곳곳에도 '아름답게' 역사하신다. 당장 눈에 보이는 어려움과 고통이 있을지라도 우리가 알 수 없는 놀라운 방법을 하나님은 갖고 계시다. 깊은 바다 속에는 인간들이 아직까지 발견하지 못한 수많은 물고기가 존재하듯이, 우리가 생각지도 못한 해결방법을 하나님은 갖고 계시다. 하나님은 늘 인간을 뛰어넘어 계시다. 차원이 다르시다. 우리가 생각하는 그 이상의 것을 갖고 계신다.

우리가 하나님을 경험한다는 것은 하나님의 경이로움을 경험한다는 것이다. 그런 경험이 우리에게 은혜로 주어질 때마다 감탄하게 된다. "와"라고 환호성을 지르기도 하고 "어떻게 내게도 이런 일이 있을 수 있지. 꿈이야 생시야"라고 탄성을 연발하기도 한다.

아름다우신 하나님은 우리를 인도하실 때 감탄하게 하신다. 하나님을 향한 이러한 환호성과 탄성이야말로 진정한 예배이고 찬양이다. 우리의 생각을 뛰어넘어 계신 하나님을 생각하며 시편의 말씀을 묵상해본다면 생생한 감동이 밀려옴을 느낄 것이다.

"여호와께서 시온의 포로를 돌려보내실 때에 우리는 꿈꾸는 것 같았도다 그 때에 우리 입에는 웃음이 가득하고 우리 혀에는 찬양이 찼었도다 그 때에 뭇 나라 가운데에서 말하기를 여호와께서 그들을 위하여 큰 일을 행하셨다 하였도다 여호와께서 우리를 위하여 큰 일을 행하셨으니 우리는 기쁘도다"(시 126:1-3).

시편 126편은 바벨론 포로에서 귀환하는 내용의 글이다. 시편 기자는 "꿈꾸는 것 같았다", "웃음이 가득했다", "찬양이 찼었다", "우리는 기쁘다"라는 표현으로 자신의 심경을 계속해서 표현하고 있다. 고향으로 돌아가게 될지 꿈에도 생각하지 못했는데 하나님께서 진짜로 이 일을 행하셨음에 감격하고 있는 모습이다.

여기서 "찬양이 찼었다"는 말은 노래를 했다는 것을 뛰어넘어 '크게 소리쳤다'는 의미이다. 바로 하나님의 경이로움, 즉 아름다우신 하나님을 경험할 때 나오는 자연스러운 반응이라고 할 수 있다.

친구가 되어주신 두려운 하나님

나 무엇과도 주님을 바꾸지 않으리

다른 어떤 은혜 구하지 않으리

오직 주님만이 내 삶의 도움이시니

주의 얼굴 보기 원합니다

주님 사랑해요 온 맘과 정성 다해

하나님의 신실한 친구되기 원합니다

요즘 예배를 바라보면서 가장 위험스러운 부분이 있다면 그것은 친밀감이 지나치게 강조되고 있는 것이다. 하나님을 두려움의 대상으로 보는 것이 아니라 언제든지 가까이서 내가 원할 때마다 만날 수 있는 요술램프의 지니 정도로 생각하는 듯해 보이기까지 한다.

우리가 부르는 찬송 중에는 '친구'라는 단어가 자주 등장한다. 〈나 무엇과도 주님을〉이라는 찬양이 대표적이라고 할 수 있다. 진정한 친구는 상대방에게 가장 힘이 되어주는 존재이다. 내가 오해 받을 때에도 나를 믿어주고, 내가 낙심하고 있으면 어깨를 툭툭 쳐주며 힘을 주는 존재이다. 항상 가까이 붙어 다니고 속마음까지 나누는 것이 친구이다.

그런데 우리는 대단하신 하나님이 내 편이시라는 것만 집중해서 생각할 뿐이지 과연 내가 하나님의 친구가 될 만한가에 대해서는 고민하지 않는 것 같다.

요즘 아이들은 1-2살 때부터 어린이집을 간다. 그리고 몇 개월이 지나면 함께 생활하는 아이들의 이름을 알아가면서 친구라는 의미를 배워간다. 그 아이는 자라면서 학교나 직장에서 새로운 친구들을 계속해서 만들어간다.

물론 나이가 들어감에 따라 사귐의 깊이도 차이가 있다. 어린이집에서 만난 친구와 70세 노년의 친구가 같을 수 없다. 또한 사회적 위치에 따라서 친구의 의미가 달라질 수 있다.

예를 들어 내 친구가 대통령이 되었다고 한다면, 나는 대통령의 친구로서 말과 행동을 조심스럽게 가려가면서 해야 한다. 내가 초등학생이라면 그 나이에 맞게 친구들과 신나게 놀면서 어울리면 되지만 대통령의 친구는 그럴 수가 없다. 공적인 위치에 있는 친구에게 누를 끼치지 않도록 조심해야 하는 것이다. 정말 친한 친구라면 더욱 그래야 한다.

우리가 하나님의 친구라고 말할 때, 내 뒤를 봐줄 수 있는 든든한 지지자가 생겼구나 하고 단순하게 생각하면 안 된다. 하나님의 친구답게 살아야 할 의무도 주어지는 것이다. 하나님 수준의 생각과 말과 행동을 함으로써 하나님의 친구다워져야 하는 것이다.

하나님은 거룩한 분이시다. 우리가 감히 근접할 수 없는 존재이시다. 그럼에도 불구하고 예수님으로 말미암아 우리 안에 거하시는 놀라운 기적을 행하셨다. 옆에 바짝 붙어 있는 정도가 아니라 성령님께서 내 안에 거하신다는 것이다. 내 안에 거한다는 것만큼 친근함을 표현할 수 있는 또 다른 말은 없다. "그의 성령을 우리에게 주시므로 우리가 그 안에 거하고 그가 우리 안에 거하시는 줄을 아느니라"(요일 4:13).

그렇다면 성령님과 교제하며 그 열매를 맺어드리는 것이 친구로서 당연한 일이다. 유유상종이라고 했던가? 그 친구를 보면 그 사람을 알 수 있다고 했다. 내가 바로 하나님의 영광을 나타내는 거울이 되어야 하는 것이다. 하나님의 신실한 친구되기 원한다는 고백은 곧 하나님의 친구답게 살겠다는 거룩한 결단이다. "너희가 나의 명하는 대로 행하면 곧 나의 친구라"(요 15:14).

우리를 창조하신 하나님을 바라볼 때 우리가 가져야 할 또 하나의 감정이 있다면 그것은 '경외'이다. 경외감은 경이로움과는 다르다. 경외감은 단지 감탄을 연발하는 감정 그 이상이다. 경외감은 두려워하는 마음이다. 우리의 도움 하나 없이 우리를 만드신 하나님은 하나님 마음대로 우리를 대하실 수 있는 분이시다. 다시 말해서 생사여탈권을 갖고 계신다는 의미이다. 내 목숨을 좌지우지할 수 있는 그분 앞에 설 때 두려움을 갖는 것은 당연한 반응이다.

모세가 호렙산의 불타는 나무 아래에서 하나님을 대할 때도 동일한 반응을 보였다. "또 이르시되 나는 네 조상의 하나님이니 아브라함의 하나님, 이삭의 하나님, 야곱의 하나님이니라 모세가 하나님 뵈옵기를 두려워하여 얼굴을 가리매"(출 3:6). 이스라엘 사람들은 하나님을 대면할 때 하나님의 거룩하심을 감당할 수 없어 죽을 것이라고 믿고 있었다.

우리는 피조물로서 창조주를 향해 경외감도 가져야 하고 동시에 우리 안에 거하시는 성령님과 친밀감 있게 지내야 한다. 두려운 감정과 친밀한 감정을 동시에 지녀야 하는 것이다.

이 두 가지 균형을 위해 시편 25편을 잘 살펴볼 필요가 있다. "여호와의 친밀하심이 그를 경외하는 자들에게 있음이여 그의 언약을 그들에게 보이시리로다"(시 25:14). 이 본문은 친밀함의 주도권이 누구에게 있는지를 잘 알려주고 있다. 우리는 경외감으로 하나님께 나아가야 하고, 하나님께서는 우리를 용납하심으로 친밀하게 다가올 수 있도록 허용하시는 것이다.

우리는 이런 사실을 망각한 채 찬양할 때 착각에 빠지곤 한다. 내가 마음 먹고 하나님께 나아가기만 하면 하나님과 친밀한 관계를 만들 수 있다는 생각이다. 친밀함의 주도권이 나에게 있다고 오해한다. 그러나 우리가 하나님 앞에서 가져야 할 자세는 친밀함이 아니라 경외함이다. 하나님은 우리를 창조하셨고, 죄악으로부터 구원하셨다. 다시 말해서 우리의 생명이 하나님의 손에 달려 있다는 것이다. 생명을 좌지우지하는 하나님 앞에 경외감으로 나아가는 것은 당연한 일이다. 우리가 경외감으로 하나님을 대할 때 하나님은 "두려워 말라, 나는 너의 하나님이다"라고 손을 내미시며 친밀하게 다가오시는 것이다.

우리는 너무 쉽게 하나님을 대한다. 그러나 우리가 친구나 친밀함이라는 단어를 접할 때는 그 안에 십자가라는 엄청난 대가 지불이 있었음을 기억해야 한다. 나는 때로 하나님이 왜 굳이 우리와 친밀해지시려고 그 대가를 치르셨는가를 묵상하며 눈물을 쏟곤 한다. 하나님의 마음을 진심으로 이해하는 우리들이 되었으면 좋겠다.

공부를 못하는 사람을 빗대어 "국어시간에 수학공부하고 수학시간에 영어공부를 한다"고 한다. 우리의 신앙도 마찬가지다. 경외감과 친밀함을 구분하지 못하고 반대로 행동한다면 우리의 신앙생활은 결코 성장할 수 없다.

공의 곧 사랑의 하나님

마음이 상한 자를 고치시는 주님

하늘의 아버지 나를 주관하소서

의에 길로 인도하사 자유케 하소서

새 일을 행하사 부흥케 하소서

의에 주리고 목이 마르니 성령의 기름 부으소서

의에 주리고 목이 마르니 내 잔을 채워주소서

"의에 주리고 목이 마르니 성령의 기름 부으소서"라는 찬양을 부르면서 과연 회중들은 어떻게 이 찬양을 이해할지 궁금하다. '의에 주리다'는 말이 어렵게 여겨지는 것이 사실이다. '의'에 대한 이해가 있어야만 이런 찬양의 진정한 의미를 찾아서 온전한 고백으로 나아갈 수 있다.

'의롭다'는 말을 들을 때 우리는 순간적으로 선한 행동이나 귀감이 되는 모범적인 행동을 떠올리기가 쉽다. 신앙생활을 조금 했다면 믿음으로 의롭다 칭함을 받았다는 것을 떠올릴 수도 있겠다.

하지만 여전히 조금은 추상적으로 이해하고 있기 때문에 찬양 속에서도 흘려 넘길 때가 많이 있다. 특히나 의, 정의, 공의, 공평 등 비슷해보이는 성경 속의 단어들은 종종 헷갈리기 때문에 '의'에 대해 정확히 알아야만 좀 더 깊이 있는 찬양이 가능하다.

초대교회 때에는 사람들이 구약의 하나님과 신약의 하나님을 구분하는 오류를 범했다. 그도 그럴 것이 구약 성경 안에는 사람을 심판하시는 무시무시한 내용들이 많이 나오는 반면에 신약 성경에는 예수님을 통해 보여주신 하나님의 용서와 사랑의 메시지들로 가득하기 때문이다. 이런 이유에서 구약의 하나님과 신약의 하나님이 다르다고 오해를 한 사람도 있었다. 어떤 학자는 구약의 하나님은 버리고 신약의 하나님만을 선택하기도 해 이단으로 몰리는 경우도 있었다.

그런데 오늘날에도 이런 오류는 여전히 남아 있는 것 같다. 사랑의 하나님의 반대되는 개념을 공의의 하나님이라고 말하는 예가 그런 것이다. 하나님의 성품을 양쪽 끝으로 대치시켜서 이해하려고 하다보면 결국 하나님은 이중적인 분으로 보일 수밖에 없다. 이 두 가지를 어떻게든 사람들에게 이해시키려다 보니 다음과 같은 설명이 등장하기도 한다.

> 어떤 왕이 있었는데 그 왕 앞에 한 죄인이 잡혀 왔다. 그런데 그 죄인이 바로 왕의 어머니였다. 왕은 죄를 범한 어머니에게 죄를 선고한다. 죄에 해당하는 형벌을 내린 후에 왕은 죄를 범한 어머니의 몸을 감싸 안고 형벌의 매를 대신 맞았다.

이 이야기를 처음 들었을 때 심판과 사랑에 대해서 참 지혜롭게 설명했다고 감탄을 했다. 그러나 사랑과 심판을 잘 엮어서 이해시키려는 노력이 잘못하면 오히려 하나님을 이분화하는 오해를 불러일으킬 위험도 있다. 사랑이 있으시면 아예 용서를 해주시거나 심판을 하실 거면 다시는 못하도록 확실하게 벌을 주셔야지 이것도 아니고 저것도 아니고 입장이 애매한 것이다. 이러다보면 무서운 하나님과 사랑이 많으신 하나님을 나누게 되고 자기에게 더 유리한 입장에서 하나님을 선택하게 된다.

그러나 사랑의 하나님은 곧 공의의 하나님이시다. 다시 말해서 하나님의 사랑과 공의는 서로 반대의 개념이 아닌 하나의 개념이다.

과연 사랑의 하나님은 그저 좋기만 하고 심판과는 전혀 무관한 하나님이실까? 이런 오해는 공의의 개념을 심판과 연관하여 해석한 데서 기인한 것으로 보인다. 공의가 심판과 관계가 있는 것은 맞다. 그러나 공의가 곧 심판을 뜻하는 것은 아니다. 다시 말해서 '공의'에 대한 참된 의미는 생각하지 않은 채 너무 쉽게 공의를 심판과 똑같은 것으로 생각하는 것이 위험한 생각이다. 그렇다면 과연 성경에 나타난 공의란 무엇일까?

구약성경에는 히브리어 "미쉬파트"를 심판 혹은 공평(때론 공의)으로 번역했다. 이 단어는 법적인 판결을 의미한다. 하나님은 선악을 분명히 구분하신다. 모든 행위에 대해서 정확히 판결을 내리시는 하나님이시다. 그러므로 하나님은 공평하게 행하신다고 말할 수 있다.

마찬가지로 피조물인 인간도 하나님이 하시는 것처럼 선악에 있어서 치우침 없이 분별해야 한다. 공평한 판결이 필요한 것이다. 이러한 공평한 분별이 없이는 올바른 징벌이나 심판도 불가능하다. 선악의 구분이 치우치게 되면 결국 억울하게 심판받는 사람이 나오게 된다. 그러므로 올바른 심판이 내려지기 위해서는 반드시 공평한 판결이 선행된다. 성경에서도 힘없고 소외된 자들을 돌보지 않고 판결을 왜곡하는 장면들이 나올 때마다 하나님은 공평하라고 말씀하신다.

　성경에서는 "미쉬파트"와 유사한 단어가 등장하는데 바로 "차디크"이다. 이 단어는 공의(정의)로움을 뜻하는 히브리어이다. 유명한 구약학자 폰 라드는 "공의란 인간이 하나님과 올바른 관계를 맺고 있는가를 설명하는 단어이며, 대인관계뿐만 아니라 자연 세계와도 올바른 관계를 맺는 것"으로 설명했다. 그러니까 공의는 윤리나 도덕적인 개인의 삶을 넘어서 사회 전반을 건강하게 유지하도록 하는 관계의 회복을 말한다. 이상적으로 말하자면 태초의 창조세계로의 복귀를 꿈꾸는 것이라고도 할 수 있다.

　하나님께서 태초에 만드신 가정이라는 공동체를 시작으로 교회 공동체, 직장 공동체 등 우리가 살아가는 사회는 공동체로 구성이 된다. 이러한 공동체는 반드시 올바른 관계 속에서만 유지될 수 있다. 그러므로 하나님은 이 땅 위에 살아가는 우리가 하나님과의 관계뿐만 아니라 가족과 직장과 사회의 구성원들 그리고 더 나아가서 하나님이 만드신 모든 피조물들과의 관계를 올바르게 하기 원하신다. 이것이 공의로운 삶이다. 이렇게 공의가 단순하게 심판과 연관되어 있는 것만은 아니라는 것을 알 수 있다.

신약으로 넘어오면 '믿음으로 의로워짐'에 대한 은혜와 마주치게 된다. 구약시대에는 하나님이 주신 율법을 지키는 것만이 하나님과의 관계를 이어가는 유일한 길이라 믿었다. 죄로 인해 하나님과 관계가 어그러질 때도 율법을 따라 제사를 드리면 하나님은 인간을 용서하심으로 다시금 관계의 회복을 허락하신다고 생각했다. 하지만 그 율법으로 하나님과 끊어진 관계를 완전히 회복할 수는 없다.

그래서 신약시대에 넘어와 새로운 공의가 등장한다. 바로 예수 그리스도를 믿음으로 주어지는 의로움이다. 다시 말해 율법의 행위로 얻어지는 것이 아니라 믿음으로 주어지는 의로움인 것이다. "일을 아니할지라도 경건하지 아니한 자를 의롭다 하시는 이를 믿는 자에게는 그의 믿음을 의로 여기시나니"(롬 4:5)라고 말씀하고 있고, "그리스도는 모든 믿는 자에게 의를 이루기 위하여 율법의 마침이 되시니라"(롬 10:4)라고 결론을 내리고 있다.

신약 성경에 나오는 '의'라는 단어는 대부분 구약 성경의 "차디크"를 헬라어로 번역한 "디카이오쉬네"이다. 우리 힘으로는 절대로 얻을 수 없는 의로움을 우리는 예수 그리스도를 믿음으로 말미암아 얻게 되었다. 예수 그리스도께서 이 의로움을 우리에게 주시려고 치르신 대가가 바로 십자가이다. 그 십자가는 하나님의 사랑의 정점에 있다.

여기서 더욱 놀라운 사실은 그 십자가를 지신 시점이다. "우리가 아직 죄인 되었을 때에 그리스도께서 우리를 위하여 죽으심으로 하나님께서 우리에 대한 자기의 사랑을 확증하셨느니라"(롬 5:8). 우리가 죄인 되었을 때 바로 십자가를 주심으로 하나님의 의를 준비하신 것이다. 하나님의 공의는 우리를 '의롭다' 라고 칭해주시는 십자가 사건을 통해 자연스럽게 사랑과 연결된다.

우리는 단지 심판받지 않기 위해서 공의로워야 하는 것이 아니다. 그것은 얕은 신앙이다. 우리는 주어진 삶 속에서 하나님의 속성인 공의를 드러내야 할 책임이 있다. 하나님께서 원하시는 원칙을 따라 정확하게 실행에 옮겨야 한다. 예레미야의 선포를 보자.

"여호와께서 이렇게 말씀하시되 너희가 공평(미쉬파트)과 정의(차디크)를 행하여 탈취 당한 자를 압박하는 자의 손에서 건지고 이방인과 고아와 과부를 압제하거나 학대하지 말며 이곳에서 무죄한 피를 흘리지 말라"(렘 22:3).

여기서 공평과 정의 대신에 '사랑' 이라는 단어를 넣어도 전혀 손색이 없다. 그러니까 공평한 판결과 관계를 올바로 맺는 공의로운 삶은 벌 받지 않으려는 의무감으로 행하는 소극적인 행위가 아니다. 그것은 사랑이라는 정신을 기반으로 출발하는 하나님의 성품을 반영하고 있다.

사랑과 공의는 서로 떨어질 수 없는 불가분의 관계를 가지고 있다. 사랑이 없이 공의만을 강조하면 목적을 위해 수단과 방법을 가리지 않게 되어 결국은 율법적이고 폭력적이 될 수 있다. 반대로 공의 없이 사랑만을 강조한다면 울리는 꽹과리처럼 추상적이고 무책임할 수 있게 된다. 그렇기 때문에 사람의 공의가 아닌 하나님의 공의는 언제나 사랑을 기반으로 두고 있음을 기억해야 한다.

나는 그렇지 않아도 가벼워지는 찬양에 구체성을 잃어버린 추상적인 가사들이 난무하는 것은 위험하다는 생각이 든다. 그런 대표적인 단어가 공의나 사랑이다. 히브리 사람들은 사색적이기보다 실천적이었다고 한다. 감성적으로 하나님을 경험하기보다는 실제적인 상황 속에서 하나님을 만났다는 의미이다.

나는 공의로움에 대해 찬양할 때 실제적인 현장을 떠올리려고 노력한다. 우리가 그리스도인답게 살아내야 할 수많은 영역들이 있다. 말 한마디를 하더라도 정직한 말을 하고, 사람들이 보지 않는 곳에서 하는 작은 행동 하나도 하나님 앞에서 살아가야 할 책임이 있는 것이다. 자원을 아끼고 분리수거를 하고 교통질서를 지키는 등의 사안들이 공의와 무관하지 않음을 인식하고 때론 회개할 수 있는 찬양이 되어야 한다. 또한 너무 나만을 위해서만 살고 있지 않은가 돌아보고 이웃을 위해 할 수 있는 일들에 대해 고민해야 한다.

이제 우리가 사랑의 하나님을 찬양할 때 무엇을 생각하고 있어야 할지를 정리해보자.

첫째, 사랑은 하나님의 공의를 실천하는 것과 관계가 있어야 한다. 추상적인 사랑을 넘어 구체적인 실천의 삶을 결단하고 그렇게 살지 못하는 것에 대한 회개가 동반되는 것이 바람직하겠다.

둘째, 우리를 의롭다 해주신 은혜를 기억하며, 십자가에서 받은 사랑을 공의롭게 살아냄으로 보답하려는 마음가짐이 필요하다.

마지막으로 하나님의 사랑의 크기를 가늠하며 찬양해야 한다. 하나님은 우리가 죄인의 상태에 있었음에도 불구하고 십자가의 사랑으로 의로움을 우리에게 허락하신다. 하나님은 거룩하시기에 죄를 용납할 수 없음에도 우리를 사랑하심이 너무나도 크셔서 기가 막힌 방법으로 우릴 의롭게 만들어 놓으셨다. 이 진리를 감사하며 찬양해야 한다.

우리가 자주 부르는 〈마음이 상한 자를〉이라는 찬양은 마 5:7의 산상수훈을 배경으로 하고 있다. 이 찬양을 부를 때 "의에 주리고 목이 마르니"라는 의미에 주목하지 않고 그 다음 가사인 "성령의 기름 부어주소서"에 집중하는 경향이 있다. 우리가 앞에서 살펴본 하나님의 사랑과 공의를 적용해보면, 이 찬양의 가사 한 구절 한 구절에 더욱 깊은 의미를 가지며 부를 수 있게 된다.

우린 더 이상 율법을 완벽히 지킴으로 개인의 공의를 이룰 필요가 없다. 예수 그리스도로 이미 의롭다는 인정을 받았다. 그런데 왜 우리는 의에 주리고 목말라야 하는가? 의롭다 인정함을 받았지만 계속해서 우리의 삶은 성경적인 공의로움을 추구해야 한다. 여전히 이기적이고 사회 부조리에 대항하지 않고 휩쓸려가는 자신을 바라보면 '정말로 하나님이 기뻐하시는 공의로운 삶을 살고 싶다' 라는 마음에 갈급함을 갖게 될 수밖에 없다. 이 갈급함이 없다면 우리는 값싼 구원에 누워서 잠자는 신앙인이다.

마 6:33에서도 "너희는 먼저 그의 나라와 그 의를 구하라 그리하면 이 모든 것을 너희에게 더하시리라"고 말씀하고 있다. 예수님의 이 말씀은 칭의에 머물지 말고 성화로 의로움을 추구하라는 메시지이다. 성화의 길은 성령님의 조명과 도우심을 받으며 순종으로 이루어가는 신앙의 여정이다. 이렇게 정리해보면 "의에 주리고 목이 마르니 성령의 기름 부으소서"라는 가사의 맥락을 이해할 수 있을 것이다.

내가 생각하는 의미로만 이 찬양의 가사를 다 품을 수 있다고 생각하지는 않는다. 어떤 분에게는 율법이나 행위 때문에 자유함이 없음을 통탄하며 성령께서 은혜로 얻어지는 '의'를 알려주시길 원하며 찬양할 수도 있을 것이다. 중요한 것은 찬양의 가사를 성경의 진리에 비추어보며 마음을 담아 찬양하는 것이 필요하다는 것이다.

좋으신 하나님

좋으신 하나님 인자와 자비 영원히

좋으신 하나님 인자와 자비 영원히

각 나라 족속과 백성 방언 세상 모든 세대 영원토록

주 경배해 할렐루야 할렐루야

주 경배해 주 하나님 You are good

우리가 자주 부르는 찬양 중에 '좋으신 하나님(God is good)'을 말하는 가사의 곡들이 있다. 하나님이 좋다(good)는 의미는 무엇일까?

하나님께서 천지를 창조하시고 피조물을 보시며 다음과 같이 소감을 밝히신다. "하나님이 지으신 그 모든 것을 보시니 보시기에 심히 좋았더라 저녁이 되고 아침이 되니 이는 여섯째 날이니라"(창 1:31).

성경에는 '좋다'와 같은 의미로 '선하다'라는 표현이 나온다. 피조물들은 하나님께 "보기 좋다"라는 평가를 받는다. 그럴 수밖에 없는 것은 모든 것을 창조하신 하나님이 선하기 때문이다. 절대 선을 가지신 하나님은 선밖에는 내보내실 수 없으시다. 하나님께서 행하시는 일은 모든 것이 선하다. "주께서 이를 행하셨으므로 내가 영원히 주께 감사하고 주의 이름이 선하시므로 주의 성도 앞에서 내가 주의 이름을 사모하리이다"(시 52:9).

'좋다'는 '나쁘다'의 상대적 개념이고 '선하다'는 '악하다'의 상대적 개념이다. '좋다' 혹은 '선하다'를 구분하려면 특정 기준이 있어야 하고 그 기준에 의해서 판단하게 된다. 그런데 인간은 이것을 잘 구별하지 못할 때가 많다. 왜냐하면 선의 기준은 인간의 영역 밖에 존재하기 때문이다. "네가 그것을 먹는 날에는 너희 눈이 밝아 하나님과 같이 되어 선악을 알 줄을 하나님이 아심이니라"(창 3:5)라는 거짓된 사단의 꼬임은 그것을 말해주고 있다. 선악을 구별하는 절대기준은 하나님만이 가지신 것이다.

결국 '좋으신 하나님' 혹은 '선하신 하나님' 이란 두 가지의 의미를 가진다. 첫째는 "하나님만이 판단의 기준이시다"라는 의미이고 둘째는 "하나님의 판단은 정확하고 공정하시다"라는 것이다. 하나님이 행하신 일에 대해서 인간은 어떤 이의도 제기할 수 없다.

인생을 살다보면 "왜 하나님께서 내게 이런 일을 주실까?", "왜 나만 이런 고통을 겪는가?" 라는 질문을 할 때가 많이 생긴다. 바로 이때 이렇게 찬양해야 한다. "좋으신 하나님, 참 좋으신 나의 하나님"이라고 말이다. 하나님의 판단과 하나님의 선택과 하나님의 때와 하나님의 방법은 항상 옳으시다. 이 믿음을 갖고 찬양해야 하는 것이다.

우리는 종종 착각을 한다. 우리가 하나님을 판단하려고 하는 것이다. 우리 입장에서 하나님이 하신 일에 대해 이건 잘하신 거고 이건 잘못하신 거라고 판단한다. 내가 기준이 되어서 이럴 때는 하나님이 좋고 저럴 때는 하나님이 싫다는 식의 구분을 짓는다. 좋으신 하나님을 단순하게 '무조건 내 편을 들어주는 하나님' 혹은 '나의 방법을 지지해주실 분' 정도로 생각해서는 안 된다. 우리는 내가 생각하는 대로 되는 것만을 좋다고 판단하는 편협성이 늘 존재한다. 앞뒤 상황을 살피지 않을 때도 많고 다른 사람들은 어떻게 되고 상관없다는 식으로 일을 이루어 나간다.

그리고 일을 이루어가는 과정에 내 편에 선 파트너가 되면 좋은 것이고 아니면 나쁜 것이라는 이분법적 사고를 취한다.

하지만 하나님을 나의 파트너 정도로만 생각하는 것은 정말 잘못된 생각이다. 가장 좋고 선한 것이 무엇인지를 가장 정확히 아는 분이 하나님이시다. 나보다 더 나를 잘 아시는 분이시고 나의 필요를 나보다 미리 아시는 분이 하나님이시다. 그렇게 때문에 어떤 상황이 닥쳐와도 "하나님은 항상 옳으십니다!"라고 선포하고 찬양해야 한다. 우리의 죄성은 내 판단과 결정이 내 기준에 의해서만 되도록 우리를 유혹한다. 결국 좋으신 하나님을 찬양한다는 것은 하나님께 우리의 모든 주도권을 내어드린다는 깊은 의미가 숨겨져 있는 것이다. "너희는 여호와의 선하심을 맛보아 알지어다 그에게 피하는 자는 복이 있도다"(시 34:8).

A. W. 토저의 "공의(선과 악을 구분함)가 없는 선은 선이 아니다"라는 말은 정확히 맞는 말이다. 하나님만이 무엇이 좋고 선한지를 판단하시고 결정하신다. 어느 경우에 있어서 하나님의 선은 인간이 생각하는 도덕적 기준을 넘어설 때도 있다. 그렇기 때문에 종종 우리는 하나님의 심판에 대해서 지나치다는 생각을 가질 때가 많다.

잘 살고 있는 욥에게 내린 시험은 너무 잔혹해 보인다. 하나님의 선민인 이스라엘을 적의 손에 붙여서 종살이하게 하고 포로로 끌려가게 하는 것도 이해가 안 된다. 아간의 범죄 하나 때문에 아이성 전투에서 패배함으로 많은 이스라엘 군사들이 죽음을 당하는 장면도 납득하기 어려울 때가 있다. 뿐만 아니다. 오늘날 수많은 사람들이 물이 없어서 죽어가고 있는 상황들도 너무나도 안타깝다. 비를 주실 수 있는 분은 유일하게 하나님이신데 왜 이렇게까지 고통을 주시는지 우리의 이성으로는 이해할 수가 없다.

태고 이래로 수많은 철학자들이 신학자들이 고민했던 화두는 "왜 악(고통)이 존재하는가?"이다. 절대 선이신 하나님이 계신데 도대체 악이 어떻게 존재할 수 있는가에 대한 해답을 찾으려고 무진히 애를 써왔다.

우리는 이 답을 완벽하게 알 수 없다. 창조주 하나님과 피조물인 인간의 차이는 너무나도 크기 때문이다. "이는 하늘이 땅보다 높음 같이 내 길은 너희의 길보다 높으며 내 생각은 너희의 생각보다 높음이니라"(사 55:9).

욥이 고난을 겪으며 하나님 앞에서 고백했던 말이 우리에게 주어지는 유일한 해답이라고 생각된다. 하나님은 드디어 욥에게 나타나신다. "무지한 말로 생각을 어둡게 하는 자가 누구냐 너는 대장부처럼 허리를 묶고 내가 네게 묻는 것을 대답할지니라"(욥 38:2-3). 하지만 욥은 하나님의 질문에 대답할 수 있는 것이 아무것도 없었다.

"보소서 나는 비천하오니 무엇이라 주께 대답하리이까 손으로 내 입을 가릴 뿐이로소이다"(욥 40:4).

"주께서는 못 하실 일이 없사오며 무슨 계획이든지 못 이루실 것이 없는 줄 아오니 무지한 말로 이치를 가리는 자가 누구니이까 나는 깨닫지도 못한 일을 말하였고 스스로 알 수도 없고 헤아리기도 어려운 일을 말하였나이다 내가 말하겠사오니 주는 들으시고 내가 주께 묻겠사오니 주여 내게 알게 하옵소서 내가 주께 대하여 귀로 듣기만 하였사오나 이제는 눈으로 주를 뵈옵나이다 그러므로 내가 스스로 거두어들이고 티끌과 재 가운데에서 회개하나이다"(욥 42:2-6).

하나님만큼 알아야 삶을 살아갈 수 있는 것이 아니다. 고작 하나님께서 보이신 것까지만 알고 살아갈 뿐이다. 그 이상을 알려는 노력은 사치이다. 하나님께서 요청하시는 일들만으로도 삶은 너무 벅차다. 하나님의 공급하시는 능력 없이는 불가능한 일투성이다.

하나님께서 오늘도 우리에게 요청하는 것은 '좋으신 하나님'을 절대 신뢰하라는 것이다. 대답할 수도 알 수도 없는 인생 속에서 허황된 고민에 빠져 살기보다 하나님을 인정하고 하나님 보기를 간절히 바라며 겸손함으로 살아가야 한다. "내 영혼아 네가 어찌하여 낙심하며 어찌하여 내 속에서 불안해하는가 너는 하나님께 소망을 두라 그가 나타나 도우심으로 말미암아 내가 여전히 찬송하리로다"(시 42:5).

유일하신 하나님

영광을 돌리세 우리 하나님께

존귀와 위엄과 능력과 아름다움

만방의 모든 신은 헛된 우상이니

오직 하늘의 하나님 그 영광 찬양해

내가 찬양을 부를 때 부담스러웠던 가사가 있다. "만방의 모든 신은 헛된 우상이니"라는 가사이다. 이 찬양을 부를 때 나와 같이 마음에 부담감을 가진 분이 있을지 모르겠다. "만방의 모든 신은"이라는 말은 하나님 이외에도 다른 신이 존재한다는 것을 이미 인정하는 것이 아닌가?

성경에 "만방의 모든 신(각 나라의 민족 신)은 헛것이요 여호와께서는 하늘을 지으셨음이로다"(대상 16:26, 시 96:5, 개역한글)라는 구절이 나온다. 이런 성경을 대할 때 "세상에는 신들이 많은데 그중에서 여호와 하나님이 가장 강한 신이구나"라고 오해할 수 있다. 가나안을 정복하는 여호수아도 "그러므로 이제는 여호와를 경외하며 온전함과 진실함으로 그를 섬기라 너희의 조상들이 강 저쪽과 애굽에서 섬기던 신들을 치워 버리고 여호와만 섬기라"(수 24:14)라고 이스라엘 백성을 독려하고 있는데 이 부분도 오해해서는 안 된다.

인류 역사를 통해서 인간은 다신론, 단일신론, 유일신론의 관점을 갖고 살아왔다. 다신론은 말 그대로 신이 많이 있고 그 모든 신을 '신적 존재'로 인정하는 것이다. 단일신론은 다른 민족의 신도 존재하지만 이스라엘은 오직 여호와만을 섬기라는 주장이다. 여호와가 가장 존재하는 신 가운데 가장 강한 신이라는 것이다. 하지만 유일신론은 여호와 하나님 이외의 모든 신들은 존재조차 부인하는 것이다.

성경에 나오는 "모든 신"은 실제로 신적인 실체가 없는 우상일 뿐이라는 것이다. 성경은 철저하게 유일신론을 강조하고 있다. 그렇다면 위에 제시한 성경구절들은 어떻게 보아야 하는가?

이 답을 위해서는 '예배' 라는 개념을 이해하는 것이 필요하다. 예배의 대상은 '오직 한 분' 이어야만 한다. 이것도 예배하고 저것도 예배한다는 개념은 없다. 내가 무언가를 하나님보다 더 중요하고 소중하게 여기고 있다면 하나님은 예배의 자리에 계실 수 없다. "한 사람이 두 주인을 섬기지 못할 것이니 혹 이를 미워하고 저를 사랑하거나 혹 이를 중히 여기고 저를 경히 여김이라 너희가 하나님과 재물을 겸하여 섬기지 못하느니라"(마 6:24).

예배는 굉장히 배타적이고 집중적이다. 그래서 하나님은 이스라엘 백성에게 항상 우상숭배에 대해서 경고하고 있는 것을 발견할 수 있다. 하나님을 예배할 것인가 우상을 숭배할 것인가를 결정하라는 것이다.

성경에서 다른 신이라고 말하는 우상은 신이 아니다. 신적인 능력이나 신적인 실체가 없다. 우상은 고작 인간이 자신의 손을 만들어서 신적인 의미를 인간 스스로 부여한 아무런 실체가 없는 나무 조각이나 돌조각일 뿐이다. 여호와 하나님만이 '신' 이시며 우상은 여호와 하나님과 같은 '신' 이 될 수가 없다. 우리를 멸하려는 악한 사단 역시 하나님의 피조물로 '영적 존재' 일 뿐 다른 신이라고 불릴 만한 '신적 존재' 는 아니다. 조금 더 강한 신과 약한 신, 조금 더 큰 신과 작은 신이라는 개념은 존재하지 않는 것이다. 여호와 하나님 한 분만이 초월적인 신, 우주의 주인 되신 신, 온 인류의 통치자가 되시는 신이시다. 결국 참신은 하나님뿐이시며 유일하신 예배의 대상이신 것이다. "그런 즉 오늘 위로 하늘에나 아래로 땅에 오직 여호와는 하나님(신)이시오 다른 신이 없는 줄 알아 명심하고"(신 4:39).

2 | 하나님의 분명한 이름 '여호와'를 알라

먼저 손을 내미시는 하나님

직장생활을 처음 할 때 인상적인 사회 문화 중 하나가 서로 자신의 명함을 주고받는 문화였다. 사회 초년생일 때는 사람을 만나러 가면서 명함을 갖고 가지 않아 난감한 상황을 당한 적도 있다. 상대방에 대한 기본적인 매너가 바로 정중하게 자신의 명함을 내밀며 통성명하는 것이고, 상대방에게 명함을 주지 않는다는 것은 예의에 어긋난 행동이기 때문이다.

이렇듯 처음 만남에서 가장 먼저 주고받는 것이 명함이다. 명함에는 가장 큰 글자로 자신의 이름이 적혀 있고, 그 이름의 아래위로 자신의 직업과 직책 그리고 연락처들이 적혀 있다. 만남을 통해 관계를 만들어가는 데 있어서 이름은 가장 기본적인 정보인 것이다. 이름을 모른 채로 인격적인 관계를 이루어가는 것은 불가능하다.

성경을 통해서도 이름의 중요성은 곳곳에서 드러난다. 우선 하나님은 인간을 창조하신 후에 '아담'과 '하와'라는 이름을 주셨고 뿐만 아니라 그들을 통해 피조물에게 이름을 지을 수 있도록 하였다.

그런데 일상생활 속에서도 그러하듯이 높은 신분을 가진 사람에게 낮은 사람이 먼저 이름을 밝히는 것이 일반적이다. 그리고 가부장적 사회 안에서는 높은 지위를 가진 사람이 낮은 지위의 사람의 이름을 지어주거나 혹은 바꿀 수 있었다. 또한 낮은 위치의 사람은 높은 위치에 있는 사람의 이름을 함부로 부를 수 없었다.

이런 맥락에서 하나님께서 사람을 이름으로 부르시고 뿐만 아니라 피조물들의 이름을 지을 수 있는 통치권을 내려주셨다는 것은 시사하는 바가 크다. 또한 하나님은 아브람이나 야곱의 이름을 다시 지어주기도 하셨다. 하나님이 이름을 주셨다는 것은 하나님의 소유이며 하나님이 인도하시겠다는 하나님의 의지가 담겨 있다고 보아도 된다. 아브람이 아닌 아브라함으로, 야곱이 아닌 이스라엘로 개명을 시켜주신다. 이렇듯 이름이 주는 의미는 매우 다양하고 중요하다. 이름만으로도 누가 통치권을 가지고 있는 것도 파악이 가능하며, 그 사람의 삶을 알 수 있을 뿐만 아니라 하나님의 뜻도 담겨져 있다.

그런데 출애굽기에 보면 하나님 스스로가 하나님의 이름을 이스라엘 백성, 즉 피조물에게 밝히시는 장면이 나온다. 이것은 대단히 이례적인 일이며 그 이름을 부를 수 있도록 허락하신 것 역시 대단히 영광스러운 일이다. 하나님의 이름을 밝히시지 않더라도 이스라엘 백성을 포함한 모든 피조물은 하나님이 창조자이심을 알 수 있다. 그분이 행하시는 놀라운 일들로 인해 그분을 하나님으로 인정하지 않을 수 없다. 우리에게 굳이 격식을 차리거나 예의 바르게 대하시지 않아도 된다. 모든 걸 아시고 하실 수 있는 전능자 앞에서 피조물인 우리는 너무나도 작은 존재일 수밖에 없다. 감히 어찌 서로 통성명을 할 수 있겠는가? 그러나 하나님은 우리에게 자신의 이름을 밝히신다.

"하나님이 모세에게 이르시되 나는 스스로 있는 자이니라…… 너희 조상의 하나님 여호와 곧 아브라함의 하나님, 이삭의 하나님, 야곱의 하나님께서 나를 너희에게 보내셨다 하라 이는 나의 영원한 이름이요 대대로 기억할 나의 칭호니라"(출 3:14-15).

이스라엘 백성은 하나님의 이름을 알게 된 유일한 민족이 된 것이다. 이것부터가 은혜이다. 우리가 찬양 가운데 여호와라는 가사가 나오면 감격스러워해야 하는 가장 큰 이유가 여기에 있다. 내가 하나님의 이름을 알고 있다는 것, 전능하신 하나님이 우리와 관계를 맺으시기 원한다는 사실이 우리를 감격하게 하는 것이다.

여호와의 의미

성경에는 다양하게 하나님을 지칭하는 용어들이 등장하는데 가장 대표적인 하나님의 이름이 바로 '여호와(Yahweh)' 이다. 유대인들은 여호와라는 이름을 망령되게 일컫지 않기 위해 성경을 쓸 때 여호와라는 이름을 직접 적지 않았다. 대신 '주(主)' 혹은 '그 이름' 으로 표기를 했다. 여호와의 이름 대신에 사용된 '주' 라는 단어를 영어성경에서는 대문자로만 LORD로 표현하는데 이것은 여호와의 이름을 대체한 경우이다. 여호와라는 발음을 하기 두려워했기 때문에 현재 여호와라는 발음도 정확하지는 않다. 때론 "야훼"라고 발음하기도 한다.

여호와는 창세기에서 창조의 하나님으로 등장하기 시작하지만 그 이름의 의미를 분명히 하신 것은 모세를 통해서이다. 하나님의 이름이 무엇인지를 묻는 모세에게 "나는 스스로 있는 자" 곧 여호와라고 말씀하신다. 우리가 찬양할 때 '여호와' 라는 이름을 만날 때가 많다. 그 때마다 단순히 하나님과 같은 호칭이라고 쉽게 넘어가지 말고 정확한 의미를 알게 된다면 더 깊은 은혜를 누릴 수 있을 것이다.

첫째, 스스로 계신 하나님은 모든 존재의 시작점이 되신다는 의미이다. 모든 피조물은 시작점이 존재한다. '나' 라는 존재의 시작은 '부모님' 이 존재하기 때문에 가능한 일이다. 모든 피조물이 창조되기 전부터 하나님은 존재하셨다. 모든 것들이 하나님으로부터 나왔다. 하지만 하나님은 그렇지 않다. 하나님은 '~로부터' 나온 존재가 아니다. 스스로 계셨으며 지금도 계시고 영원히 계신다(계 1:18). 그리고 결코 변하지 않는 하나님이시다(약 1:17). 인류와 우주 역사의 시작점에 서 계신 하나님을 그려볼 때 어찌 하나님을 찬양하지 않을 수 있을까?

하나님은 시작점이 되신다는 것을 좀 더 확대해서 생각해보면 이 땅에서 일어나는 모든 일들의 원인을 알고 계시다는 의미가 된다. 갑작스럽게 어려운 일을 만나거나 도저히 이해할 수 없는 일들이 인생에 펼쳐질 때 우리는 낙심한다. 왜 나에게 이런 일이 생겼을까 하는 의문이 든다. 그 때가 여호와를 찾을 때이다. 여호와 하나님만이 보이지 않는 그 일에 대한 원인과 답을 주실 수 있는 분이기 때문이다. 여호와 하나님을 뛰어넘어 존재하는 문제는 없다. 이것을 믿는 것이 신앙이다.

둘째, 하나님의 백성과 항상 함께하신다는 현존하심을 나타내고 있다(출 3:12). 하나님은 자기 백성들에게 자신은 그들을 돕고 구원하시기 위해 그들과 항상 함께 있을 것을 말하며, 또 과거에 그러하셨던 것처럼 앞으로도 그들의 자손과도 함께하실 것을 약속해주시는 것이다.

하나님은 언약의 하나님이시다. "나는 스스로 있는 자다"라는 것은 "내가 있어야만 할 곳에 내가 꼭 있겠다"로 해석이 가능하다. 그렇다면 하나님은 스스로 있을 곳을 어떻게 결정하시는가? 바로 '언약관계'를 근거로 해 개입하신다. 하나님의 백성은 철저하게 보호하신다는 것이다.

언약은 쌍방의 관계인데 인간끼리의 언약은 언제든지 깨어질 위험이 있다. 하지만 하나님이 제시하신 언약, 즉 너희를 나의 백성으로 삼고 구원하겠다는 약속은 변치 않는 약속이다. 하나님의 구원이 필요한 곳마다 하나님은 '여호와'로 나타나신다. 여호와는 '변치 않는 그리고 영원한 사랑'의 하나님이시다. 여호와를 찬양할 때마다 일평생 우리와 함께 하시며 구원자가 되실 하나님을 기억해야 하는 것이다.

셋째, 여호와는 행동하시는 하나님이라는 의미이다. 스스로 계시다는 것은 결코 정적인 표현이 아니다. 출애굽기 6장 1절에서 7까지를 면밀히 읽어볼 필요가 있다.

지금까지는 전능한 하나님만을 알았지만 앞으로 애굽으로부터 나오도록 행하실 일들을 통해 여호와임을 알게 될 것이라고 하신다. 하나님께서는 이제 곧 무슨 일을 함으로써 하나님이 어떠한 분이라는 것을 나타낼 그러한 분이시라는 것이다. 그때에 너희가 나를 "아하, 여호와는 그러한 분이시구나!"라고 알게 될 것이라는 말이다. 여호와는 우리를 기대하게 하시는 하나님이시다.

여호와 이름의 확장

우리가 잘 아는 여호와의 수식어는 여호와 이레(준비하신다), 여호와 로이(목자되신다), 여호와 닛시(깃발-승리되신다) 등이다. 그 외에도 여호와 마케(대적하신다), 여호와 그몰라(보복하신다), 여호와 체바옷(만군의 주인이시다) 등 많은 이름들이 따라 붙는다. 이런 수식어가 따라붙을 때 우리는 여호와의 의미를 생각하면서 더 깊은 이해로 나아갈 수 있다.

예를 들어 여호와 이레를 살펴보자. 여호와의 의미는 위에서 설명한 세 가지로 정리를 할 수 있다. 여호와는 '모든 존재의 시작점'이시고 '꼭 계셔야 할 곳에 임재'하시며 또한 '놀라운 일을 행하실 것'을 기대하게 하는 하나님이시다.

여호와를 수식하는 "이레"는 '미리 본다'는 의미이다. 여호와의 의미를 먼저 머리에 새기고 있다면 이제 여호와에 수식된 "이레"를 통해 보다 구체적인 하나님을 알 수 있게 된다.

첫째, 모든 존재의 시작점에 서셔서 전체를 보실 수 있는 하나님이라는 것이다. 중간 중간 띄엄띄엄 보시는 것이 아니다. 처음과 나중이 되시는 하나님은 전체를 관통해서 보신다. 이것은 우리가 무엇이 필요한지 무엇을 공급해야 할지를 미리 아시는 하나님이시라는 것이다.

둘째, 무엇을 공급할지 아시는 하나님은 직접 그곳에 임재하고 계시다는 의미이다. 이삭을 대신할 수양을 준비만 시켜 놓고 멀찍이 계시는 것이 아니라 바로 그 장소에 하나님이 함께하신다. 그리고 수양을 준비시키신 분이 하나님이심을 알게 하신다.

마지막으로 여호와 이레의 하나님을 통해 우리는 앞으로도 우리의 필요한 것들을 직접 공급하시는 하나님을 의지하게 하신다.

여호와 이레의 하나님은 지금도 우리를 보신다. 모든 상황을 아신다.

그리고 필요로 하는 그곳에 직접 임재하셔서 공급하신다. 이 공급은 그 순간에 멈추는 것이 아니라 우리 일평생을 통해 이루어질 것이다.

"나의 하나님이 그리스도 예수 안에서 영광 가운데 그 풍성한 대로 너희 모든 쓸 것을 채우시리라"(빌 4:19). 바울의 이 말은 "여호와 이레"의 신약적인 해석이다. 여기서 우리는 "모든 쓸 것"이라는 말씀 앞에 위로를 얻는다. 영적인 필요이건 그것이 육체적인 것이건 아니면 물질적인 것이건 여호와 이레의 하나님은 '모든 것'을 채우실 것이다. "공중의 새를 보라 심지도 않고 거두지도 않고 창고에 모아들이지도 아니하되 너희 하늘 아버지께서 기르시나니 너희는 이것들보다 귀하지 아니하냐…… 오늘 있다가 내일 아궁이에 던져지는 들풀도 하나님이 이렇게 입히시거든 하물며 너희일까보냐 믿음이 작은 자들아 그러므로 염려하여 이르기를 무엇을 먹을까 무엇을 마실까 무엇을 입을까 하지 말라"(마 6:26, 30, 31).

3. 모든 이름 위에 뛰어난 이름 '예수'를 알라

성육신하신 예수님

최근에 하나님을 인격적으로 만나야 한다고 표현하는 사람을 자주 만나게 된다. 인격적이라는 말은 상당히 고상하게 느껴진다. 마치 클래식 음악이 흘러나오는 카페에서 촛불을 앞에 놓고 나지막한 목소리로 이야기를 나누는 장면을 연상하기 쉽다. 인격적이라는 말을 분위기로만 생각하는 것이다. 이건 틀린 말이다.

하나님께서 우리를 인격적으로 만난다는 의미는 두 가지로 압축해서 이해할 수가 있다. 첫 번째는 우리가 이해할 수 없는 신격, 즉 하나님으로서가 아니라 인간이 이해할 수 있는 방식으로 우리에게 다가오신다는 것이다. 그렇기 때문에 우리는 하나님과 교제가 가능하다.

앞서 살펴보았듯이 하나님께서 '여호와' 라는 이름을 우리에게 알려주신 것은 이런 맥락에서 이해할 수 있다. 하나님께서 우리에게 이름을 알려주시지 않았다면 우리는 하나님을 알 수 있는 방법이 없다. 그러므로 하나님께서 인간의 수준에서 교제해주심을 우리는 인격적인 교제라고 할 수 있다.

두 번째로 인격적이라는 것은 하나님의 성품과 능력을 우리가 경험할 수 있다는 것이다. 하나님의 사랑, 선하심, 공의로우심, 신실하심, 전능하심 등은 우리가 인간 생활 속에서도 알 수 있는 성품과 능력이다. 이렇게 하나님은 우리에게 다가오시고 우리도 동일하게 그런 성품과 능력을 하나님께 나타내 보임을 통해서 교제할 수 있다. 이것을 우리는 인격적이라고 표현할 수 있다.

그런데 하나님이 인격적 교제를 위해 하나님 자신을 가장 잘 알 수 있도록 나타내신 사건이 바로 성육신이다. 하나님이 인간이 이해할 수 있는 어느 정도로만 나타나신 것이 아니라 아예 인간이 되신 것이다. 이것은 하나님이 얼마나 인격적이신가를 가장 잘 보여주는 것이다. 뿐만 아니다. 하나님은 인성을 가지신 예수님을 이 땅에 보내셔서 우리들과 교제하게 하셨을 뿐 아니라 예수님 시대 이후의 사람들에게 인격적 관계를 위해서 '이름' 을 남겨두셨다. 그 이름은 시간과 공간을 뛰어넘는 이름이다.

"영접하는 자 곧 그(예수) 이름을 믿는 자들에게는 하나님의 자녀가 되는 권세를 주셨으니"(요 1:12).

"오직 이것을 기록함은 너희로 예수께서 하나님의 아들 그리스도이심을 믿게 하려 함이요 또 너희로 믿고 그(예수) 이름을 힘입어 생명을 얻게 하려 함이니라"(요 20:31).

몇 가지의 구절만을 통해서도 구원의 이름, 생명의 이름, 치유의 이름, 회복의 이름, 그리고 우리가 목숨까지 걸고 헌신해야 하는 이름이 바로 예수임을 알 수 있다.

찬양받으실 이름, 예수

찬양은 단순한 노래가 아니다. 내가 예배하고 있는 그 유일한 대상을 자랑하고 선포하는 행위이다. 예수의 이름은 최고의 칭송을 받기에 합당한 이름이다. 성경에서 예수의 이름이 빠진다면 성경은 불완전한 책이 될 수밖에 없다. 예수라는 이름은 구원의 완성이며 지금도 동일하게 능력을 베푸시는 모든 이름 중 가장 뛰어난 이름이다.

예수님의 이름은 우리가 이 땅에서 선포해야 하는 가장 중요한 이름이다. 초대교회 때에 사도들은 예수의 이름을 선포하며 전도하고 능력을 행했다. 이로 인하여 예루살렘의 당국자들은 사도들이 "이 이름으로" 가르치는 것을 금해야만 했다. 그러나 사도들은 오히려 "그 이름"으로 인하여 고난 받는 것을 자랑스럽게 여겼다. 예수께서 고난 받은 것을 흉내라도 낼 수 있다는 것에 대한 감사와 긍지가 있었던 것이다. "저희가 옳게 여겨 사도들을 불러들여 채찍질하며 예수의 이름으로 말하는 것을 금하고 놓으니 사도들은 그 이름을 위하여 능욕받는 일에 합당한 자로 여기심을 기뻐하면서 공회 앞을 떠나니라"(행 5:40-41).

신앙과 선포는 그 이름을 시인하는 것과 그의 이름으로 고난 받을 것을 각오함을 의미한다. 예수님에 대한 신앙과 충성은 그의 이름을 단단히 잡고 있는 것과 같다.

사도바울 역시 동일한 마음으로 사역했음을 알 수 있다. "바울이 대답하되 여러분이 어찌하여 울어 내 마음을 상하게 하느냐 나는 주 예수의 이름을 위하여 결박을 당할 뿐 아니라 예루살렘에서 죽을 것도 각오하였노라"(행 21:13).

베드로 또한 다음과 같은 고백을 하고 있다. "너희가 그리스도의 이름으로 치욕을 당하면 복 있는 자로다 영광의 영 곧 하나님의 영이 너희 위에 계심이라"(벧전 4:14).

우리는 찬양을 은혜 받기 위한 가장 편한 수단으로 사용하고 있지는 않은지 스스로 자문해봐야 한다. 예배 시간에 가장 편한 자세로, 편한 마음으로, 아무런 부담감 없이 흘러나오는 반주에 맞추어 가사를 흥얼거리고 있는 것은 아닌가?

또 한 번 강조하고 싶다. 찬양은 자랑과 선포이다. 그리스도인들은 그 찬양 때문에 때론 대가를 치러야 한다. 그 선포 때문에 능욕을 받기도 하고 결박을 당하기도 하고 때론 목숨에 위협을 받기도 한다. 특별히 '예수 이름'은 어떤 능욕의 자리, 결박의 자리, 목숨의 자리에서도 선포되고 자랑스러워야 하는 이름이다.

> 예수 이름 높이세 능력의 그 이름
> 예수 이름 높이세 구원의 그 이름
> 예수 이름을 부르는 자
> 예수 이름을 믿는 자
> 예수 이름 앞에 나오는 자 복이 있도다

예수의 이름을 부르는 자는 누구든지 교회에 속한 자들이며, 구원과 영생을 선물로 받는다. 여기서 부른다는 것은 앞에 가는 사람을 불러서 뒤를 돌아보게 하는 그런 의미가 아니다. "에피칼레오"라는 단어는 예배의 의미를 포함한다.

피조물이 창조자에게 소유되어 있으며, 피조물은 그분 앞에 자신의 믿음을 고백하고 선포하는 표현인 것이다. 우리가 그리스도인으로 불리는 것은 그 이름 때문이다. 그리스도인이라는 것은 그리스도를 따르는 자에게 주어지는 아름다운 이름이다. 마지막 날의 선물들 가운데 하나는 승리자들이 어린 양의 이름을 지닐 것이라는 사실이다. 이 얼마나 감격스러운 일인가? 어찌 그 이름을 찬양하지 않을 수 있는가?

"다시 저주가 없으며 하나님과 그 어린 양의 보좌가 그 가운데 있으리니 그의 종들이 그를 섬기며 그의 얼굴을 볼 터이요 그의 이름도 저희 이마에 있으리라"(계 22:3-4).

양자의 영을 받아 하나님이 아버지가 되심

교회에서 치유집회나 기도회 때마다 단골손님처럼 등장하는 기도제목은 바로 부모님으로부터 받은 상처에 대한 것이다. 특히 아버지가 밤늦게까지 술을 먹고 와서 욕설을 퍼붓고 폭행했던 사건들은 일상적인 이야기였다. 어린 나이에 술에 취한 아버지는 그야말로 공포의 대상이었던 것이다. 일반적으로 딸의 경우에는 아버지와 많이 이야기를 나누지 못하고 정서적 단절 속에서 지내는 경우가 많다. 유교문화 속에서 엄해야만 했던 이 시대의 아버지들은 사춘기나 청소년기에 들어선 딸들에게 어떻게 다가가야 할지 모르는 경우가 많은 것이다.

하나님을 아버지로 부를 때 이 땅에서의 육신의 아버지의 이미지로부터 탈피하는 것부터가 숙제이다. 찬양의 가사 중 아버지라는 단어는 수시로 등장하는데, 이 단어는 때론 은혜로부터 멀어지게 하기도 한다. 아버지에 대한 이미지가 아예 없거나 있더라도 부정적이기 때문이다.

그런데 우리가 성경에 나타난 아버지라는 용어를 볼 때, 구약에 비해 신약성경에 이 표현이 훨씬 더 두드러진다는 점에 관심을 기울여야 한다. 구약에서 아버지라는 단어는 자식과의 인격적인 관계의 표현이라기보다는 부모 중 남자, 조상, 선구자, 우두머리, 나이 많은 교사와 같은 사람들을 부를 때 상징적으로 사용되었다. "이스라엘의 아버지"나 이스라엘을 "장자", "내 아들"과 같은 표현을 쓴 것도 실제적인 관계보다는 상징적인 의미가 더 강하다. 예수님께서는 아들이라는 빼어난 이름을 가지셨다(히 1:4).

신약에 와서야 비로소 아버지라는 단어가 자녀 사이에 인격적 관계로 사용될 수 있었는데, 그렇게 될 수 있었던 결정적인 이유는 '예수 그리스도'로부터 찾아야 한다. 우리가 찬양 속에서 아버지라는 가사를 만나게 될 때 우리는 반드시 예수 그리스도를 떠올려야만 한다. 독생자이신 예수 그리스도의 십자가의 보혈, 즉 희생의 중재가 없었다면 우리는 하나님을 감히 아버지로 부를 수 없다(막 14:36; 롬 8:15; 갈 4:6). "너희가 아들이므로 하나님이 그 아들의 영을 우리 마음 가운데 보내사 아빠 아버지라 부르게 하셨느니라"(갈 4:6).

우리의 아버지가 되어주신 하나님은 어떤 분이신가? 그분은 거룩하기 때문에 죄성을 가진 피조물인 우리는 결코 가까이 다가갈 수 없는 분이시지만 하나님이 아버지가 되어주심으로 우리는 그분을 가까이 뵐 수 있는 특권을 갖게 됐다. 우리를 거룩하게 해주셨고 우리를 의롭다고 인정해주셨기 때문이다. 이 모든 거룩하게 됨과 의로움이 바로 예수 그리스도로부터 온 것이다. 하나님과 예수님 사이에 친밀한 사랑의 관계 속으로 우리를 초청하시고 신성을 공유할 특권을 주신 것이다. 우리 스스로의 힘으로는 아무리 발버둥쳐도 하나님을 아버지로 받을 수 있는 어떤 방법도 없다.

특히 아버지라는 단어와 함께 등장하는 '아바'라는 용어는 하나님과의 친밀감을 극대화한다. '아바'라는 단어 역시 구약에서는 상상도 할 수 없는 표현이다. 온 천지만물에게 생명을 부여하신 자로서 온 우주의 통치자로 위치하고 계시던 하나님께서 예수 그리스도로 말미암아 천한 인간조차도 친밀하게 부를 수 있는 '아바'의 자리까지 낮춰주신 것이다. 아바 아버지를 찬양할 때마다 그리스도의 십자가의 은혜에 감격하며 나 같은 죄인을 살리시고 자녀 삼아주신 그 사랑에 감사해야 한다.

여기에 덧붙여 아바 아버지에 대한 이미지를 한 가지 더 소개하고 싶다. 아바라는 말은 아기들이 발음도 정확하지 않을 때 본능적으로 내뱉는 말이다. 이런 아기를 바라보는 아버지는 그런 아이의 말에 더욱 민감하게 귀를 기울인다.

아기들은 자기의 필요를 정확히 모른다. 그냥 입에서 나오는 대로 울고 소리친다. 그런데 아버지는 아기의 필요를 채워주기 위해서 아기를 면밀히 살피게 된다. 그리고 필요를 정확히 파악하고 필요한 것들을 공급한다.

아무리 피곤하고 힘들어도 그 아기에게 눈을 떼지 않는다. 아기가 배

고플까 아플까 더울까 추울까 혹시 위험에 노출되지는 않을까 모든 주변의 환경을 살피고 보호해주는 것이다. 결론적으로 아버지는 사랑이다. 이것을 우리의 이미지에 분명히 심고 찬양할 때 하나님과의 깊은 교제 속으로 들어가게 되는 것이다.

찬양을
온몸에 새겨라

3부. 찬양이 삶에 연결되도록 온몸에 새겨라

1. 마음 : 우리 안에 계시는 성령님을 인정하라
2. 손 : 능력의 하나님을 붙잡아라
3. 발 : 하나님의 거룩함을 쫓아가라
4. 얼굴 : 하나님의 영광을 드러내라
5. 눈 : 믿음의 눈으로 하나님을 바라보라
6. 입 : 하나님 되심을 선포하라

1. 마음 : 우리 안에 계시는 성령님을 인정하라

마음이 동기다

찬양을 인도하다보면 회중석에서 손을 가슴 위에 얹고 찬양하거나 기도하는 분들을 자주 볼 수 있다. 눈을 감은 채 가슴에 손을 얹고 찬양하는 모습을 보고 있노라면 인도하는 나도 감동을 받곤 한다. 아마도 하나님을 내 마음으로 사랑한다는 진심의 고백을 담고 싶은 표현일 거란 생각이 든다. 아니면 마음의 아픔을 하나님께 가지고 나아가는 것일지도 모른다.

하나님은 우리의 마음을 살피시는 하나님이시다. 마음을 살피신다는 것은 외적인 행위나 결과가 아닌 동기를 보신다는 것이다. 즉, 진정성이 중요하다 할 수 있다. 좀 더 극단적으로 해석하자면 선한 동기가 아니라도 외적인 행위나 결과가 좋을 수 있다는 역설도 될 수 있다.

찬양에도 이것은 정확히 적용이 된다. 외적인 뜨거운 찬양만으로는 하나님을 기쁘시게 할 수가 없다. 하나님은 우리와 마음을 통하기 원하신다. 하나님과 이심전심의 찬양이 필요하다는 것이다. 찬양하는 중에 우리의 마음이 하나님을 향한 무한한 신뢰와 사랑으로 뜨거워지지 않는다면 우리의 찬양은 하나님이 계신 보좌에는 전혀 통하지 않은 공허한 울림일 수밖에 없다.

성경에서 '마음'이라는 단어가 처음 등장하는 장면은 창세기 6장에 나온다. "여호와께서 사람의 죄악이 세상에 가득함과 그의 마음으로 생각하는 모든 계획이 항상 악할 뿐임을 보시고 땅 위에 사람 지으셨음을 한탄하사 마음에 근심하시고"(창 6:5-6). 인간의 타락은 마음에서 일어났고 그 죄악된 마음을 하나님은 마음으로 느끼셨다. 인간의 마음의 타락이 하나님의 마음에 아픔으로 다가가는 것이다.

이와 반대로 창세기 8장에는 노아의 이야기가 나온다. "노아가 여호와를 위하여 단을 쌓고 모든 정결한 짐승 중에서와 모든 정결한 새 중에서 취하여 번제로 단에 드렸더니 여호와께서 그 향기를 흠향하시고 그 중심에 이르시되 내가 다시는 사람으로 인하여 땅을 저주하지 아니하리니"(창 8:20-21). 타락한 인류를 물 심판으로 멸하신 하나님은 노아를 남겨주셨다. 홍수가 다 끝난 후 육지에 내린 노아는 하나님께 온전한 제사를 올려드린다. 하나님은 이 제사를 흠향하시고 그 마음(중심)으로 더 이상 인류를 저주하지 않으시겠다고 말씀하신다. 노아의 제사가 하나님의 마음을 움직인 것이다.

본문에는 구체적으로 언급되어 있지 않지만 나는 노아가 드린 제사의 동기가 매우 순전했을 것이라고 생각한다. 동기, 즉 마음이 순전한 제사가 아니라면 결코 하나님의 마음을 움직일 수 없기 때문이다. 노아의 제사는 화려한 것이 아니었다. 그 제사는 '여호와만을 위한 것'이었고 '정결한 것'이었다. 여호와만을 위한 제사는 다른 어떤 목적을 가지지 않음을 의미한다. 나의 유익과 내가 얻어야 할 것을 획득하기 위한 수단으로써의 제사가 아니었다는 것이다.

〈나 주님의 기쁨되기 원하네〉라는 찬양의 가사는 우리에게 어떤 마음으로 하나님께 나가야 하는지를 잘 보여준다. 내 마음을 드리는 것은 곧 나의 모든 것을 드리는 것이라는 고백이다. 이 고백이야말로 하나님께서 가장 기쁘게 받으시는 제사이다.

> 겸손히 내 마음 드립니다 나의 모든 것 받으소서
> 나의 맘 깨끗케 씻어주사 주의 길로 행하게 하소서
> 내가 원하는 한 가지 주님의 기쁨이 되는 것
> 내가 원하는 한 가지 주님의 기쁨이 되는 것

정결한 제물을 준비했다는 것은 하나님이 얼마나 거룩한 분인가를 알았기 때문에 가능한 것이었다. 하나님의 거룩하심을 알지 못한다면 정결함의 중요성을 알 수 없다. 번제로 올려드려질 짐승과 새만 정결하면 아무 소용이 없다. 정작 정결해야 할 대상은 바로 그 제사를 올려드리는 우리들 자신인 것이다. 찬양을 준비할 때도 마찬가지이다. 찬양하는 모든 곡 하나 하나에 우리의 마음을 담아 드릴 때 비로소 하나님께서 흠향하시는 '마음이 통하는 찬양'이 가능하다.

마음의 전쟁

고대 헬라인들은 마음을 뜻하는 헬라어 "카르디아"를 신체의 중심부라고 보았다. 그래서 이 단어는 심장을 나타내는 어원이 되기도 한다. 뿐만 아니라 식물의 종자와 같은 생명체의 핵심을 지칭할 때도 이 단어가 사용되었다. 즉 이것이 죽으면 생존이 불가능하다는 것이다.

더 나아가 카르디아는 단순히 인간 신체의 중심부를 지칭하는 말을 넘어서 인간 전체의 지적, 영적 중심부를 지칭하는 말로도 사용되었다. 중심부는 가장 치명적인 중요한 영역이다. 식물과 마찬가지로 이 영역이 마비되면 육체뿐 아니라 삶 자체가 어려워질 수 있다. 반대로 육체나 삶이 타락되면 마음에도 악영향을 미칠 수 있다.

두 가지 말씀을 보면 이러한 관계를 이해할 수 있다. "너희는 스스로 조심하라 그렇지 않으면 방탕함과 술 취함과 생활의 염려로 마음이 둔하여지고 뜻밖에 그 날이 덫과 같이 너희에게 임하리라"(눅 21:34). "여러분은 이 세상에서 사치와 쾌락을 누리며 잡혀 죽을 날을 눈앞에 두고도 욕심만을 채워 왔습니다"(약 5:5, 현대인의성경).

마음은 전쟁터이다. 끊임없이 갈등과 충돌이 벌어진다. 특히 인간의 육체와 삶이 죄악으로 무너지면서 마음은 죽어가고 있다. 게다가 사단도 우리의 마음을 노리고 있다. 누가복음에서 예수님께서는 씨 뿌리는 비유를 말씀하고 있다. "길가에 있다는 것은 말씀을 들은 자니 이에 마귀가 와서 그들로 믿어 구원을 얻지 못하게 하려고 말씀을 그 마음에서 빼앗는 것이요"(눅 8:12). "좋은 땅에 있다는 것은 착하고 좋은 마음으로 말씀을 듣고 지키어 인내로 결실하는 자니라"(눅 8:15).

길가 밭과 좋은 밭은 마음을 상징하고 있다. 결국 사단은 마음에서 하나님의 말씀을 빼내는 것이 목적이다. 그 마음만 무너뜨리면 인간의 인생은 멸망으로 갈 수밖에 없다는 것을 잘 알고 있기 때문이다.

나는 이 말씀을 보면서 찬양하고 있는 우리들의 모습을 상상해보곤 한다. 찬양 속에 담긴 하나님에 대한 귀한 말씀과 하나님에 대한 영광을 우리는 마음 속 깊이 고백하고 있는가? 마음 전쟁 시대를 살아가고 있는 우리들에게 설교 말씀이든 기도든 찬양이든 그 모든 종교적 행위에는 하나님의 마음을 움직일 수 있는 마음의 고백이 담겨 있어야만 한다.

'척하는' 제사

하나님께서 우리의 마음을 얼마나 원하시는지에 대한 이야기를 좀 더 진전시켜 보자. 예레미야 시대를 살펴보면 좋을 것이다. 예레미야 3장 6절에서 21절의 본문은 북이스라엘의 범죄로 인해 바벨론 포로가 되는 장면을 묘사하고 있다. 그리고 북이스라엘이 왜 하나님께 버림 받았는가를 지켜보면서도 하나님을 두려워하지 않고 북이스라엘과 똑같은 범죄를 저지르고 있는 남유다를 보여주고 있다.

예레미야 시대는 남유다 왕인 요시야가 종교개혁을 주도했던 시대였다. 하지만 하나님께서는 남유다를 향해 "너희가 거짓으로 회개하는 척만 하고 있다"고 평가하신다. 외형적으로 종교적인 행위의 회복은 부분적으로 있었을지 모르지만 전심으로 하나님께 돌아온 것은 아니었다는 뜻이다. "이 모든 일이 있어도 그의 반역한 자매 유다가 진심으로 내게 돌아오지 아니하고 거짓으로 할 뿐이니라"(렘 3:10).

여기서 "진심"이라는 표현이 히브리어 "콜 레브"로써 '온 마음 다해'라는 뜻이다. 마음의 회개는 없이 외형적으로 보이는 제사 형식에만 매여 있었다는 것을 지적하고 있는 것이다. 더 충격적인 말씀은 그 다음에 나온다.

"여호와께서 내게 이르시되 배역한 이스라엘은 반역한 유다보다 자신이 더 의로움이 나타났나니"(렘 3:11). 즉, 하나님께 돌아오는 척만 한 남유다는 더 나쁘다는 평가를 내리시는 것이다. 북이스라엘은 몰라서 그랬다 치더라도 남유다는 북이스라엘의 범죄를 보면서도 그대로 따라갔을 뿐만 아니라 하나님을 속이고 마음이 담기지 않은 거짓 제사를 드렸기 때문이다.

마음이 담기지 않은 사랑 고백이나 생일 선물이 무의미한 것처럼 작은 행동이라도 하나님은 우리에게 마음이 담긴 행동을 원하신다. 하나님은 우리의 마음 하나를 얻기 원하시는 것이다. 이사야도 동일한 선포를 한다. "주께서 이르시되 이 백성이 입으로는 나를 가까이 하며 입술로는 나를 공경하나 그들의 마음은 내게서 멀리 떠났나니 그들이 나를 경외함은 사람의 계명으로 가르침을 받았을 뿐이라"(사 29:13).

요시야 왕이 시도한 개혁은 백성의 마음속에 진심으로 하나님을 섬기도록 하는 신앙을 일깨우는 데는 실패한다. 다만 외적인 종교 행위에 해당하는 조치들만이 이루어졌다. 이것은 그 당시의 국가와 백성들에게 마음 없이 드리는 제사만으로도 안정감을 갖도록 착각을 가져다준 것이다.

여기서 우리는 인간들이 하나님 앞에 나아갈 때 드러날 수밖에 없는 본질적인 문제에 마주치게 된다. 하나님은 언약으로 인류에게 다가오신다. 언약의 중심은 십계명과 같은 율법이 그 주된 내용이다. 그 율법과 함께 하나님은 '마음'을 다루고 계셨다.

신 30:9에서 "네가 네 하나님 여호와의 말씀을 청종하여 이 율법책에 기록된 그의 명령과 규례를 지키고 네 마음을 다하며 뜻을 다하여 여호와 네 하나님을 섬기라"라고 말씀하고 있다. 돌판에 새긴 십계명과 율법들은 외적으로 보이는 행위 중심의 명령이지만 단순히 그 행위를 했느냐 하지 않았느냐가 율법을 지켰느냐 지키지 않았느냐를 평가하는 기준이 될 수는 없다. 하나님은 중심 곧 그 마음의 동기를 반드시 보겠다는 것이다.

이런 측면에서 인간의 한계가 드러나게 된다. 마음과 무관한 율법의 행위, 즉 보이는 의식에 빠지기 쉬운 것이다. 또한 그 누구고 율법을 지키는 사람의 마음이 어떠한지 볼 수 없기 때문에 마음으로 지키는 율법의 요구를 간과하게 된다.

새 언약의 은혜

그런데 하나님의 은혜는 이때부터 또 다시 시작된다. 외형적인 제사만 하고 거기에 안도하는 인간의 한계를 뛰어넘도록 조치를 취해주셨다. 바로 새 언약을 주신 것이다. 새 언약의 제안자는 옛 언약을 주셨던 똑같은 하나님이며 상대 또한 똑같은 이스라엘 족속이다. 또한 그 요구 조항도 변하지 않았으며 옛 언약과 똑같은 율법이 새 언약의 내용을 채우고 있다. 그러나 새 언약은 율법을 돌판이 아닌 그 백성의 마음에 새긴다는 점에서 새롭다.

이제까지 이스라엘 백성의 마음이 죄로 새겨져 있어서 도저히 스스로는 이겨낼 수 없는 한계 속에 있었지만 이제는 여호와의 율법이 마음에 새겨짐으로써 마음의 죄조차도 이길 수 있도록 마음 자체를 통치하시겠다는 하나님의 의지가 반영된 것이다. 여기서 인간의 새 인간성, 즉 신이 마음에 부여됨으로 완전한 순종으로 나아갈 수 있도록 은혜를 베푸신 것이다.

이 은혜의 말씀을 들어보자. "나 여호와가 말하노라 이 언약은 내가 그들의 열조의 손을 잡고 애굽 땅에서 인도하여 내던 날에 세운 것과 같지 아니할 것은 내가 그들의 남편이 되었어도 그들이 내 언약을 파하였음이니라 나 여호와가 말하노라 그러나 그 날 후에 내가 이스라엘 집에 세울 언약은 이러하니 곧 내가 나의 법을 그들의 속에 두며 그 마음에 기록하여 나는 그들의 하나님이 되고 그들은 내 백성이 될 것이라"(렘 31:9-10).

돌판에 새겨진 십계명의 옛 언약에서는 여호와께서 시내산 아래에 있는 백성이 들리도록 소리쳤는데 이런 식의 부름과 들음으로는 순전한 마음의 순종이 일어날 수 없다는 것이다. 하나님께서는 이러한 방식의 한계를 뛰어넘을 수 있도록 하나님의 뜻을 직접 이스라엘의 마음에 둔 것이다. 이렇게 함으로써 순종의 문제로 인한 갈등은 해소될 것으로 본 것이다.

그러므로 새 언약에 나타난 눈에 띄는 새로운 요소, 즉 그 새 언약에 영원한 정당성이 인정되어 여호와와 그의 백성들 사이의 관계를 유지시킬 수 있는 요소는 죄의 용서에 근거한 회복된 공동체 속에 개인과 여호와 사이의 마음과 뜻이 교통되는 완벽한 교제라고 할 수 있다. "주께서 이르시되 그 날 후로는 그들과 맺을 언약이 이것이라 하시고 내 법을 그들의 마음에 두고 그들의 생각에 기록하리라"(히 10:16).

새 언약의 완성자, 성령님

나는 찬양할 때 자주 "성령님을 인정합니다"라고 고백하곤 한다. 이 고백은 매우 단순해 보이지만 실제로 매우 강력한 메시지이다. 성령님은 우리 안에 직접 거하시면서 동행하신다. 진짜로 이 진리를 인정한다는 것이다.

우리의 삶을 순간순간 돌아보면 모든 것을 내 결정대로 살아왔다는 것을 쉽게 알 수 있다. 글을 읽는 것을 멈추고 오늘 아침 눈을 떴을 때 가장 먼저 한 일이 무엇인지 생각해보라.

내 경험으로는 신앙을 시작하고 아침에 눈을 뜨고 QT를 위하여 성경이 내 손에 들리게 하는 데 오랜 시간이 걸렸다. 하나님의 말씀으로 하루를 시작하려고 아무리 몸부림을 쳐도 눈을 뜨자마자 눈에 들어오는 신문, TV, 음식, 사람, 오늘 하루의 스케줄 등이 온 정신을 사로잡아 버린다. 그리고 나는 거기에 자연스럽게 순응하여 하루를 시작했다.

이런 식으로 하루를 시작한다는 것은 두 가지 이유 때문이라는 생각이 들었다. 첫째는 우리 안에 거하시는 성령님의 존재를 자연스럽게 거부하고 있는 것이다. 다시 말해 성령님의 도우심 없이도 얼마든지 오늘 하루를 살아낼 수 있다는 자신감이다. 내 스스로의 힘으로는 감당할 수 없는 급박한 일이 닥치기 전까지 이런 일상은 계속되곤 했다. 아침에 눈을 떴을 때 저절로 무릎을 꿇고 하나님 앞으로 나아가게 될 때는 대개 고난의 길을 걷고 있을 때이다. 우리는 어쩔 수 없는 상황이 닥쳐야만 성령님을 찾는 못된 습관에 사로잡혀 있다. 이런 형편에 놓여 있는 우리를 하나님께서 고난을 통해 다루어가시는 것은 어쩌면 당연한 일인지 모른다.

두 번째 이유는 내면의 세계를 강화시켜야 함을 망각하고 있기 때문이다. 우리는 '잘 산다'는 것을 정의할 때, 내가 입고 싶은 것, 내가 먹고 싶은 것, 내가 갖고 싶은 것, 내가 이루고 싶은 것 등을 해내면서 사는 것으로 쉽게 규정한다. 그리고 잘 살기 위해서 모든 시간과 정신을 쏟는다. 내 힘과 뜻과 정성을 다하여 잘 살기 위해서 혼신의 힘을 다하는 것이다. 우리가 앞서 이야기 했던 '마음'의 영역은 소홀해진다. 또 다른 에덴동산이며 성령님이 거하시는 '마음의 정원'을 가꾸는 데는 관심이 없다. 성령님과의 교제가 왜 필요한지에 대해 모르는 무지에서 나온 결과이다.

찬양을 인도하기 위해서 무대에 설 때에도 상황은 비슷하다. 찬양을 인도하기 위해서 내 눈은 이것저것을 살핀다. 어떤 곡을 해야 할지, 어떤 악보를 사용해야 할지, 편곡은 어떻게 되는 것이 좋을지, 밴드는 준비가 되었는지, 싱어들은 다 와 있는지, 음향 상태는 어떤지 등등 찬양을 하기 위해서 필요한 모든 요소들을 살핀다. 그리고 무대에 서기 전에 '나의 마음은 과연 어디에 있는 걸까'라는 질문을 스스로 해보곤 한다.

찬양을 하기 위해 필요로 하는 요소들을 점검하는 것만큼 내 마음에 거하시는 성령님을 인정하고 그분을 기쁘시게 하는 찬양인가를 점검하는 데는 소홀할 때가 많다. 그래서 나는 의도적으로 "내 마음에 거하시는 성령님을 인정합니다. 이 모임 가운데 운행하시는 성령님을 인정합니다"라고 선포한다.

예레미야와 마찬가지로 에스겔도 이스라엘을 향해 동일한 선포를 하고 있다. "너희는 너희가 범한 모든 죄악을 버리고 마음과 영을 새롭게 할지어다 이스라엘 족속아 너희가 어찌하여 죽고자 하느냐"(겔 18:31).

하나님께서는 이스라엘과 마음을 통하기 원하신다. 그러나 우리 스스로는 그럴 수 있는 능력이 없다. 하나님은 에스겔을 통해 새로운 은혜를 허락하신다. "또 새 영을 너희 속에 두고 새 마음을 너희에게 주되 너희 육신에서 굳은 마음을 제거하고 부드러운 마음을 줄 것이며 또 내 영을 너희 속에 두어 너희로 내 율례를 행하게 하리니 너희가 내 규례를 지켜 행할지라"(겔 36:26-27).

예전에는 어떻게 하나님과 마음을 통해야 할지 방법을 몰랐다. 그저 형식적이라도 하나님께서 주신 계명을 지키면 되는 줄 알았다. 하나님이 하라는 대로 제사를 드리면 되는 줄 알았다. 하지만 그것은 하나님의 마음을 시원케 해드릴 수 없었다.

예수님께서 범죄한 이 땅에 성육신해 오신 은혜의 하나님이시다. 또 다른 보혜사이신 성령님은 우리 각자의 마음으로 한 걸음 더 가까이 오신 거부할 수 없는 은혜의 하나님이시다. 이제 하나님은 좁고 좁은 인간의 마음으로 들어오신다.

그렇다면 성령님이 우리 안에서 하시는 일은 무엇일까? 한마디로 말하자면 우리와의 깊은 교제이다. 에스겔 말씀을 오해해서 성령님께서 우리 안에서 독단적으로 일하신다고 생각한다면 우리는 로봇과 다를 바가 없다. 이것은 하나님의 창조 섭리와도 위배가 되는 것이다. 창조 때부터 자유의지를 허락하신 하나님께서 새 언약을 통해서 이 자유의지를 빼앗아 간다는 것은 말이 안 된다.

돌같이 굳어버린 우리의 마음이 부드러워지고, 마음을 다해 하나님의 율법을 기뻐할 수 있기 위해서는 끊임없이 우리 안에 성령님을 인정하고 의지하고 교제해야 한다. 이것은 말씀으로도 가능하고 기도로도 가능하며 찬양으로도 가능하다. 중요한 것은 말씀을 보고 기도하고 찬양하는 단순한 행위가 아니라 성령님의 도움을 받아 말씀을 보고 기도하고 찬양하는 하나님과의 진정한 교제이다.

마음에 계시는 하나님

성령님에 대해서 이야기할 때 꼭 짚고 넘어가고 싶은 것이 하나 있다. 성령님은 하나님이시라는 것이다. 무슨 당연한 이야기를 하냐는 사람도 있을지 모르나 이 진리가 찬양할 때는 당연해 보이지 않을 때가 종종 있다. 창조자이신 하나님은 우주를 초월해서 존재하는 매우 큰 분으로 여겨지지만 성령님은 고작 인간의 마음 한 구석에 놓인 분으로 착각을 해서인지 모르겠다. 때론 성령님은 찬양을 잘 할 수 있도록 돕는 수단으로 여겨질 때도 있어 보인다. 정작 찬양을 받으셔야 할 분이 성령님이신데 말이다.

우리는 성령님을 찬양하는 데 익숙하지 않다. 그저 "오소서", "임하소서", "위로해주소서"라는 간구에 적합한 분이 성령님이신 것으로 여겨지는 것이 아닌가 싶다. 이런 식의 문구에 익숙해지다 보면 당연히 성령님은 하나님을 찬양하기 위해 거쳐가는 하나의 단계로 여겨질 수밖에 없다.

하지만 우리 안에 거하시고 계시는 성령님은 우리를 사랑하시는 바로 그 하나님이시다. 그분을 찬양해야 한다. 나는 그분을 찬양하는 첫 번째가 바로 성령님을 인정하는 것이라고 생각한다. 때때로 나는 성육신하셔서 십자가에 돌아가신 예수님보다 더 힘든 사역을 감당하고 계신 분이 성령님이 아니실까 생각을 해본다. 그분은 여전히 불순종하는 인간의 마음속에서 우리가 하나님의 왕좌를 인정하고 내어드리길 계속해서 인격적으로 기다리셔야 하기 때문이다. 우리는 성령님을 하나님으로 철저히 인정하고 그분을 찬양해야 한다.

우리가 함께 고민해봐야 할 좋은 예로 〈지존하신 주님〉이라는 찬양을 들 수 있다.

> 지존하신 주님 이름 앞에 모두 무릎 꿇고 다 경배해
> 거룩하신 주님 보좌 앞에 엎드려 절하세
> 예수는 그리스도 예수는 주
> 하나님의 영으로 경배드리리

가사 중에 "하나님의 영으로 경배드리리"라는 대목이 나온다. 이것은 빌립보서에 나오는 말씀에 근거한다. "하나님의 성령으로 봉사하며 그리스도 예수로 자랑하고 육체를 신뢰하지 아니하는 우리가 곧 할례파라"(빌 3:3). 여기서 봉사한다는 헬라어는 "라트레이아"라는 단어인데 이것은 단순히 인간 공동체 안에서 서로에게 행하는 봉사가 아니라 하나님을 섬긴다는 말로 예배로 번역되기도 한다. 이런 배경에서 다른 번역본에서는 "하나님의 성령으로 예배하고(현대인의 성경)", "하나님의 영으로 예배 드리며(쉬운성경)", "영적으로 하나님께 예배를 드리고(공동번역) 등으로 해석을 하고 있다.

나는 "하나님의 영으로 예배"한다는 이 찬양의 가사에서 우리가 가질 수 있는 오해를 언급하고 싶다. 하나님의 영 곧 성령님은 우리가 하나님께 예배할 수 있도록 돕는 도구가 아니다. 기능으로 성령님을 오해해서는 안 된다. 성령님 그분 자체가 하나님이시며 그분 역시 예배의 대상이시다. 하늘 보좌에 하나님과 동일하게 함께 계셔야 마땅한 분께서 우리 안으로 그 보좌를 옮기셔서 우리와 교제를 간절히 원하고 계신다. 이것은 하나님의 사랑에 근거한다.

그렇다면 우리는 위의 가사를 빌 3:3의 말씀과 더불어 요 4:23까지 연결해서 이해해야 한다. "아버지께 참되게 예배하는 자들은 영과 진리로 예배할 때가 오나니 곧 이 때라 아버지께서는 자기에게 이렇게 예배하는 자들을 찾으시느니라"(요 4:23).

하나님은 영이시다. 우리가 영적이 되지 않고서는 그분과의 긴밀한 만남이 불가능하다. 그런데 하나님의 뜻을 정확히 알고 계시는 성령님께서 우리 안에 계신다. 그분이 하나님을 영화롭게 하는 예배를 알고 계신다. 왜냐하면 그분 자체가 하나님이시기 때문이다. 그러므로 우리는 성령님을 인정하고 그분이 알려주시는 진리의 말씀과 예수 그리스도의 십자가 공로만을 의지하여 하나님 앞에 나아가야 한다. 이것이 바로 영적인 예배이다. 이렇게 함으로 우리가 하나님께 드리는 예배가 온전히 삼위일체 하나님을 향하도록 해야 한다.

우리가 찬양할 때 마음에 손을 얹으면서, 단순히 위로와 평안만을 구하는 것이 아니라 우리 안에 우주를 창조하신 하나님께서 보좌를 펴고 계시다는 확신을 가져야 한다. 나의 마음을 하나님께 드릴 때 전제 되어야 하는 가장 중요한 사실이다. "성령님, 하나님이신 당신의 보좌를 찬양합니다. 내 안에 거하심을 인정합니다. 그리고 감사합니다."

마음과 입술은 하나

지금까지 마음에 대한 이야기를 나눠보았다. 왜 이렇게 마음이 중요한 것이고 마음을 강조해야 하는 것인가? 그것은 마음과 무관하게 우리의 온몸이 움직일 수 있기 때문이다. 마음에 없는 말을 하면 거짓이 되고 마음에 없는 행동을 하면 위선이 된다. 우리가 신앙생활을 하면서도 각자의 삶 속에서 많은 거짓과 위선으로 포장되어 있는 자기 자신을 보며 아파한 경험이 있을 것이다. 대선지서인 이사야, 예레미야, 에스겔에도 동일하게 이것을 지적하고 있다.

"주께서 이르시되 이 백성이 입으로는 나를 가까이 하며 입술로는 나를 공경하나 그들의 마음은 내게서 멀리 떠났나니 그들이 나를 경외함은 사람의 계명으로 가르침을 받았을 뿐이라"(사 29:13).

"그들의 혀는 죽이는 화살이라 거짓을 말하며 입으로는 그 이웃에게 평화를 말하나 마음으로는 해를 꾸미는도다"(렘 9:8).

"백성이 모이는 것 같이 네게 나아오며 내 백성처럼 네 앞에 앉아서 네 말을 들으나 그대로 행하지 아니하니 이는 그 입으로는 사랑을 나타내어도 마음으로는 이익을 따름이라"(겔 33:31).

이런 관점은 찬양에도 그대로 적용할 수 있다. 우리가 아무리 듣기 좋은 목소리와 그럴 듯한 연주 소리로 하나님께 나아갈지라도 마음이 없다며 그것은 온전한 찬양이 아니다. 찬양할 때 "어떻게 하면 이 찬양을 통해 나의 마음을 하나님께 드릴 수 있을까?"에 모든 관심이 집중되어야만 하는 이유가 여기에 있다.

2 | 손 : 능력의 하나님을 붙잡아라

손을 들 때

어느 날인가 나는 찬양할 때 우리가 취하는 행동에 대한 의미들을 강의로 들을 기회가 있었다. 내용이 전부 기억나진 않지만 또렷이 기억나는 대목이 있다. 그 강사는 손을 들고 찬양할 때 손의 모양에 따른 의미를 설명했다.

손을 쭉 펴서 하늘을 향할 때는 하나님만이 나의 전부임 고백하며 나의 모든 것을 주께 드리겠다는 헌신을 나타낸다고 했다. 가슴 위치 정도에 손바닥을 하나님을 향할 때는 하나님의 임재를 사모하는 행동이라고 했다. 또 한 가지 머리 위치(귀의 바로 위쪽 정도)에 손목을 하늘을 향해 90도 정도 꺾어서 손바닥이 하나님을 향하게 두는 행동은 자기 자신을 포기하겠다는 의미라고 했다.

이러한 세세한 부분까지 성경에 구체적으로 나와 있는 것은 아니다. 하지만 우리가 그런 의미를 부여하며 손 모양 하나에도 하나님을 향한 간절함을 가지고 나아간다면 하나님께서는 그 중심과 그 태도를 보시고 은혜를 주실 것에 동의한다. 나 스스로도 이렇듯 손에 대한 의미를 부여하고 찬양할 때 더 깊이 있는 찬양으로 나간 경험이 있기 때문이다.

예배 중에 손을 하늘을 향해 높이 들고 찬양하는 모습은 더 이상 어색한 행동이 아니다. 그만큼 예배 안에서 손을 드는 행동이 많이 나타난다. 손을 하늘로 높이 뻗는 행동은 성경에서도 자주 등장한다. "주의 인자하심이 생명보다 나으므로 내 입술이 주를 찬양할 것이라 이러므로 나의 평생에 주를 송축하며 주의 이름으로 말미암아 나의 손을 들리이다"(시 63:3-4).

찬양뿐 아니라 기도할 때도 손을 드는 장면은 곳곳에 나온다. "모세가 손을 들면 이스라엘이 이기고 손을 내리면 아말렉이 이기더니"(출 17:11)는 우리가 알고 있는 대표적인 장면이다.

찬양할 때나 기도할 때 사람들이 왜 손을 들까에 대한 답은 어렵지 않게 유추해볼 수 있다. 그 사람이 지금 은혜를 간절히 사모하고 있다는 표식이기도 하고 하나님을 목소리로만 찬양할 수 없어서 자신의 몸으로 더 높여드린다는 상징적인 행위일 수도 있다. 만약 기도하고 있는 시간에 누군가가 손을 들고 있다면 그 사람은 지금 간절하게 간구해야 할 기도의 제목을 하나님께 아뢰고 있을 거라고 짐작할 수 있다. 제발 저를 도와주시라는 간곡한 부탁일 것이다. 혹은 "주님 제가 여기 있습니다"라는 헌신의 행동일 수도 있다.

그런데 손을 드는 행위가 자신을 돋보이게 하려는 몸짓에만 그친다면 이것은 매우 위험한 행동이다. 찬양할 때나 기도할 때 손을 드는 행위가 손을 들지 않는 것보다는 조금 더 효과적으로 은혜 받는 방편이 된다면 이것 또한 안 될 모습이다.

예를 들어 "저는 목소리로만 찬양하는 게 아니라 손도 들었어요"라든가 "저는 부르짖어 기도만 한 게 아니라 손도 들었어요" 하는 습관화된 행위는 아무런 의미가 없다.

이제 성경에 나타난 손의 의미들을 더 알아보며 매일의 삶에서 우리의 손을 바라볼 때 어떤 마음을 가져야 할지를 살펴보려고 한다. 교회나 집회 장소에서 찬양이나 기도할 때 올려드는 손의 의미 이상의 의미를 발견한다면 우리가 매일 사용하는 이 손을 통해 하나님께 올려드릴 것이 많은 것을 알게 될 것이다.

우리의 손이 향하는 곳

지구에는 중력이라는 힘이 작동을 한다. 그 힘은 우리의 발을 이 땅에

딛고 설 수 있도록 돕는다. 우리의 몸이 지구의 중심을 향해 있는 것은 바로 중력 때문이다. 결국 중력에 순응하고 사는 것이다. 이 땅에 살아가는 동안 우리는 중력뿐 아니라 세상의 방법에 순응하며 살 때가 많다. 순응하며 사는 것이 우리 몸에 익숙할 뿐 아니라 편하게 느껴지기 때문이다. 그래서 자연의 법칙을 거스르는 것처럼 보이는 연어와 같은 물고기의 생태 습관은 우리의 이목을 끌기에 충분하다.

우리가 손을 드는 행위는 어쩌면 죄악된 이 땅을 향하는 나의 손을 의지적으로 하늘로 이끄는 결단을 상징하는지도 모르겠다. 우리는 때때로 분노할 때 손을 든다. 손을 들어 상대방을 위협하고 상대방에게 피해를 준다. "그는 손을 들어 자기와 화목한 자를 치고 그의 언약을 배반하였도다"(시 55:20).

하지만 하나님은 이러한 중력과 같은 본능에 순응하지 말 것을 알려 주신다. 우리가 편한 대로 행동하려는 손에게 분명하게 올바른 방향을 제시한다. "성소를 향하여 너희 손을 들고 여호와를 송축하라"(시 134:2). "주를 향하여 손을 펴고 내 영혼이 마른 땅같이 주를 사모하나이다"(시 143:6).

그러나 올바른 방향을 향해 손을 펴고 드는 것만이 능사가 아니다. 내가 의지적으로 손을 하나님께 올려드렸을 때는 그 행위가 곧 삶의 결단과 직결돼야 한다. "너희가 손을 펼 때에 내가 눈을 가리우고 너희가 많이 기도할지라도 내가 듣지 아니하리니 이는 너희의 손에 피가 가득함이니라"(사 1:15). 아무리 올바른 방향으로 손을 들지라도 올바른 행위로 나타나지 않으면 하나님은 기뻐하시지 않는다.

인간의 손 vs. 하나님의 손

• **인간의 손**

'손'의 용도는 참 다양하다. 우리 일상에서 손이 없다는 것은 상상할 수도 없다. 하루를 돌아보며 아침부터 저녁까지 내가 했던 행동 하나하나를 떠올려보면 손의 역할이 얼마나 중요한지 실감할 수 있을 것이다. 그만큼 손은 인체에서 요긴한 부분이다.

유대인들은 사람이 일을 수행하는 팔의 끝부분을 손이라고 정의했고 이런 의미에서 광범위하게는 '팔'까지 포함하기도 한다. 무슨 일을 수행하기 위한 도구이다 보니 그런 일을 할 수 있는 능력을 상징하기도 한다. 손은 직접적으로 행동하기도 하지만 다른 도구를 만들어서 더 효율적으로 동작하도록 하기도 한다. 때론 아픈 자들에게 손을 얹어 놓음으로 치료하기도 한다. 성경 안에도 인간의 손이 선하게 사용된 예들을 찾아 볼 수 있다. 사실 인간의 역사를 통해 손이 없었다면 이만큼의 문명이 발전될 수 있었을까 할 정도로 손은 중요한 역할을 해왔다.

하지만 반대로 인간의 손이 얼마나 하나님을 대적하여 행한 일들이 많은가에 대한 내용 역시 쉽게 찾아 볼 수 있다. 미가서 5장에서는 "내가 또 복술을 네 손에서 끊으리니 네게 다시는 점쟁이가 없게 될 것이며 내가 네가 새긴 우상과 주상을 너희 가운데에서 멸절하리니 네가 네 손으로 만든 것을 다시는 섬기지 아니하리라"(미 5:12-13)라고 말하고 있다.

상상을 해보라. 이스라엘 백성들은 나무나 돌을 한 손에 들고 날카로운 도구들을 다른 한 손에 들고 우상을 새기고 있었을 것이다. 하나님이 가장 싫어했던 우상들을 탄생시킨 주범이 손이었던 것을 기억해야 한다.

예수님께서도 "만일 네 손이 너를 범죄하게 하거든 찍어버리라 장애인으로 영생에 들어가는 것이 두 손을 가지고 지옥 곧 꺼지지 않는 불에 들어가는 것보다 나으니라"(막 9:43)라고 말씀하시면서 우리의 손이 범죄에 노출되어 있다는 것을 알려주신다.

유대인들은 상징적으로 죄악의 근원을 손으로 보고 손을 깨끗하게 해야 한다는 생각에 사로잡혀 있었다. 그들은 밥 먹기 전에 '먼저' 손을 씻는 것을 일상에서 하나님을 거룩하게 섬기는 일로 착각했다. 그래서 집집마다 손을 씻는 항아리가 있었고 물을 채워두었다.

그렇기 때문에 예수님께서 '먼저' 손도 씻지도 않고 밥을 먹은 사건은 그들에게는 있을 수 없는 일이었다. 정결법을 위해 손을 씻었다는 것은 그만큼 손에 많은 죄악이 있음을 말하는 것이다. 물론 이러한 정결법이 지극히 율법적이고 가식적인 행위로 예수님께서는 비난을 하시는 장면이 성경에 등장한다. "너희 종교인들아. 도대체 깨끗함이 무엇인가?" 이렇게 그들은 무엇이 깨끗함인지 모르고 있다. 어리석게도 껍데기에만 관심을 쏟는 그들은 자신의 속을 깨끗하게 하는 일에는 무관심했다. 그들 안에는 "탐욕과 악독이 가득한데도"(눅 11:39) 안을 깨끗하게 씻기보다는 '손 씻는 일' 따위에 목을 매고 있었던 것이다. 그러므로 그들이 진정한 깨끗함을 추구한다면 자신 안에 있는 탐욕을 내버리고, 형제와 물질을 나누어야 한다. 그럼에도 불구하고 오늘날 우리가 우리의 손을 하나님 앞에 올리고 찬양과 기도를 할 때마다 우리의 죄악됨을 발견하고 겸손하게 주의 보혈을 의지하는 것은 마땅한 것이다. 예수님께서도 손을 씻는 행위 자체를 비난하신 것이 아니라 손만 씻고 마음의 죄악을 생각지 않은 것을 비난하신 것이다.

우리가 하나님을 향하여 손을 들고 찬양할 때도 마찬가지이다. 우리가 손을 드는 행위에 초점을 맞추고 마음을 하나님께 향하지 않는다면 그것은 율법적인 행위 외에는 아무런 의미도 없는 것이다. 우리가 하나님께 손을 들 때 나의 손에 묻은 수많은 죄악과 악독함을 잊어서는 안 된다. 뿐만 아니라 이 손이 하나님을 거룩하게 높여드리는 손이 되도록 정결과 겸손을 위한 삶이 되는 노력을 지속해야 하겠다는 결단이 필요하다. "하나님을 가까이 하라 그리하면 너희를 가까이 하시리라 죄인들아 손을 깨끗이 하라 두 마음을 품은 자들아 마음을 성결케 하라"(약 4:8).

• **하나님의 손**

하나님의 손은 죄악된 인간의 손과는 다르다. 성경에서 하나님의 손이 등장할 때는 그분의 능력과 위엄을 상징한다. 이사야는 하나님의 능력을 선포한다. "과연 내 손이 땅의 기초를 정하였고 내 오른손이 하늘에 폈나니 내가 부르면 천지가 일제히 서느니라"(사 48:13). "내가 왔어도 사람이 없었으며 내가 불러도 대답하는 자가 없었음은 어찜이뇨 내 손이 어찌 짧아 구속하지 못하겠느냐 내게 어찌 건질 능력이 없겠느냐 보라 내가 꾸짖은즉 바다가 마르며 하수가 광야가 될 것이며 거기 물이 없어졌으므로 어족이 갈하여 죽어 악취를 발하게 되느니라"(사 50:2).

하나님의 손에는 창조의 능력이 있으시다. 천지를 만드실 뿐 아니라 온 우주를 통치하고 계신다. 뿐만 아니라 하나님은 그 능력의 손을 펴셔서 우리 연약한 인간을 도우신다. "내가 환난 중에 다닐지라도 주께서 나를 살아나게 하시고 주의 손을 펴사 내 원수들의 분노를 막으시며 주의 오른손이 나를 구원하시리이다"(시 138:7).

하나님의 능력의 손에 비하면 초라하기 짝이 없고, 죄악에 물들어 있는 우리의 손임에도 불구하고, 우리는 끊임없이 스스로 무언가를 만들어 내려는 노력을 계속한다. 성경은 이것을 교만이라고 정의한다. 하나님의 능력의 손을 붙잡으려는 노력을 겸손이라고 한다면 나의 손을 의지하는 것이 교만이다.

"여호와께서 기드온에게 이르시되 너를 따르는 백성이 너무 많은즉 내가 그들의 손에 미디안 사람을 넘겨 주지 아니하리니 이는 이스라엘이 나를 거슬러 스스로 자랑하기를 내 손이 나를 구원하였다 할까 함이니라"(삿 7:2).

하나님께 올려드리는 나의 손에 여전히 교만과 자기 의지가 담겨져 있음을 주시해야 한다. 나의 모든 죄악된 모습들이 그 손에 상징적으로 담겨 있다. 나의 교만이 고스란히 담겨 있다. 손에 힘을 주고 주먹을 꼭 쥘 때마다 "나는 할 수 있어"라는 자만에 빠져 있다.

반면에 천지를 창조하셨던 하나님의 능력의 손은 지금까지 조금도 변함이 없으시며 동일하게 역사를 일으키신다. 그러므로 찬양 중에 우리는 이렇게 고백해야 한다. "하나님! 아무 것도 아닌 연약한 사람입니다. 이제는 내 힘과 능력과 경험으로 하려고 했던 모든 교만을 내려놓고 능력의 진정한 근원이신 하나님을 붙잡기 원합니다"라고 말이다. 하나님께서 이 연약한 손을 잡아주시길 간절히 바라는 마음을 가져야 한다. 하나님의 손에 붙잡혔을 때에만 우리는 평안과 만족감을 누릴 수 있다.

붙잡아주시는 하나님

인간은 결코 스스로 존재할 수 없다. 이 사실은 창조의 원리에 근거한다. 우리를 흙으로 만드시고 그 코에 하나님의 영을 불어 넣으심으로 하나님의 형상대로 창조하셨다. 우리의 육체도 하나님이 만들어주신 아름다운 형상이지만 우리 안에 하나님의 영을 불어넣어주심으로 우리가 생령이 되게 하신 것은 더욱 신비로운 일이다. 하나님께 붙잡히지 않으면 허공에 뜬 채 방황하는 인생이 될 수밖에 없는 존재인 것이다.

우리가 태생적으로 소유되어야만 하는 존재라는 것을 역설적으로 보여주는 성경구절이 있다. 귀신이라는 영적인 실체가 한 사람을 사로잡았을 때 예수님께서 그 귀신을 내어 쫓은 사건이 있다. 그런데 이 사람에게 이상한 일이 벌어지게 된다. 귀신을 붙잡혀 있던 그가 자유함을 얻었지만 얼마 지나지 않아 일곱 귀신이 그 사람을 붙잡게 되었다. 이유는 간단하다. "그곳에 청소되어짐을 보고"이다. 하나님으로 채워지지 못한 인생에게 나타날 수 있는 일임을 짐작하게 하는 사건이다.

사람이 무엇에게 붙잡혀 살아가야 한다는 사실은 영적인 사건에만 적용되는 것이 아니다. 또한 개인적인 인생에게만 일어나는 것이 아니다. 실제로 우리 삶의 곳곳에 적용이 된다. 이스라엘 민족이 하나님께 붙잡혀 살지 않을 때, 즉 순종하며 살지 않을 때 어떤 일이 일어났는지를 볼 필요가 있다. 순종이라는 것은 하나님의 통치를 인정하며 하나님의 방법이 가장 선한 것임을 알고 따라가는 적극적인 행위이다. 그러나 이스라엘은 하나님의 통치를 귀찮은 개입처럼 여겼다. 그 때마다 하나님은 다른 민족에게 이스라엘을 넘긴다. "여호와께서 이스라엘에게 진노하사 노략하는 자의 손에 넘겨 주사 그들이 노략을 당하게 하시며 또 주위에 있는 모든 대적의 손에 팔아넘기시매 그들이 다시는 대적을 당하지 못하였으며"(삿 2:14)와 "여호와께서 이스라엘에게 진노하사 블레셋 사람들의 손과 암몬 자손의 손에 그들을 파시매"(삿 10:7)가 좋은 예이다.

하지만 이스라엘이 하나님 편에 서서 하나님의 통치에 순종할 때 다시 말해 붙잡힌 민족이 될 때는 역전 현상이 일어난다. "여호와께서 여호수아에게 이르시되 보라 내가 여리고와 그 왕과 용사들을 네 손에 붙였으니"(수 6:2).

하나님의 손은 능력의 손이며 거룩한 손이다. 그러나 우리의 손은 무력한 손이고 죄악된 손이다. 우리가 찬양을 통해 손을 높이 들고 하나님을 향하여 나아갈 때 바로 하나님의 손과 인간의 손이 접촉되어지는 놀라운 사건이 일어난다고 나는 믿는다. 우리가 손을 들며 찬양할 때 이 놀라운 사건을 경험해야 한다. 우리가 손을 내밀고 하나님의 통치권을 인정하여 순종하겠다는 의지적 결단을 올려드릴 때 하나님은 그 손을 잡아주시는 것이다. 바로 그 사건이 있을 때 우리의 손은 더 이상 무력한 손이 아니다. 우리 인생은 공허한 인생이 아니다. 하나님의 손에 붙잡힌 인생과 민족은 최고의 복을 누리게 된다.

"내 손이 그와 함께하여 견고하게 하고 내 팔이 그를 힘이 있게 하리로다"(시 89:21)와 "내가 환난 중에 다닐지라도 주께서 나를 살아나게 하시고 주의 손을 펴사 내 원수들의 분노를 막으시며 주의 오른손이 나를 구원하시리이다"(시 138:7)라는 말씀을 근거하여 우리는 더욱 손을 높이 들고 하나님을 찬양할 수 있다.

때론 손을 들어 하나님을 붙잡을 힘조차도 없을 때가 있다. 당당하게 손을 들지 못하고 슬며시 예수님의 몸에 손을 대는 경우도 있다. 우리의 적극적인 행동만이 역사를 일으키는 것이 아니다. "이는 내가 그의 옷에만 손을 대어도 구원을 받으리라 생각함일러라…… 예수께서 그 능력이 자기에게서 나간 줄을 곧 스스로 아시고 무리 가운데서 돌이켜 말씀하시되 누가 내 옷에 손을 대었느냐 하시니"(막 5:28, 30).

뿐만 아니라 어떤 경우는 손을 내밀 수조차 없는 상황에 빠져 있을 때도 있다. 그 때에도 예수님은 먼저 다가 오셔서 우릴 붙잡으시고 만지시고 손을 대시며 치료하시고 회복시키신다. 열병에 빠져 힘 없이 누워 있는 여자에게, 문둥병에 걸려 손가락질 받는 것이 두려워 웅크리고 있는 문둥병자에게, 아무것도 보지 못해 어디로 손을 내밀어야 할지 알지 못하는 소경에게 주님은 먼저 다가가셔서 손을 내미시고 치유하신다.

"나아가사 그 손을 잡아 일으키시니 열병이 떠나고 여자가 그들에게 수종드니라"(막 1:31).

"예수께서 불쌍히 여기사 손을 내밀어 그에게 대시며 이르시되 내가 원하노니 깨끗함을 받으라 하시니"(막 1:41).

"예수께서 맹인의 손을 붙잡으시고 마을 밖으로 데리고 나가사 눈에 침을 뱉으시며 그에게 안수하시고 무엇이 보이느냐 물으시니"(막 8:23).

나는 찬양할 때 거룩함과 부정함, 전능함과 무력함이 만나는 장소가 바로 이 '손'이라고 믿는다.

3 | 발 : 하나님의 거룩함을 쫓아가라

춤추는 발

> 나의 발은 춤을 추며 나의 손은 손뼉 치며
> 나의 입은 기뻐 노래 부르네

이 찬양을 부르면서 옆에 있는 성도들과 어깨동무를 하고 발을 구르면서 신나게 율동한 경험이 있을 것이다. 언젠가 한 청년이 내게 이런 이야기를 했다. "왜 제가 다니는 교회에서는 발을 구르며 펄쩍 펄쩍 뛰며 찬양하는 것에 대해 비판적일까요? 그게 잘못된 건가요? 교회에서 자꾸 이런 내 모습을 비난해서 괴롭습니다." 이런 이야기를 여러분이 듣는다면 아마도 이런 성경구절을 제시하면서 적극적인 몸짓으로 찬양하는 것은 아무 문제가 되지 않는다고 말할 수도 있을 것이다.

"춤 추며 그의 이름을 찬양하며 소고와 수금으로 그를 찬양할지어다" (시 149:3).

"소고 치며 춤 추어 찬양하며 현악과 퉁소로 찬양할지어다"(시 150:4).

그렇다. 발을 움직이지 않고 춤추는 것은 불가능하다. 우리가 찬양할 때 춤을 추는 행위의 대표적인 행동이 바로 발을 구르고 뛰는 일일 것이다. 우리가 잘 아는 다윗의 이야기도 이것을 증거하고 있다. 다윗이 언약궤가 들어올 때 왕의 신분이었음에도 불구하고 에봇이 흘러내릴 정도로 춤을 추었다고 한다. 바지춤이 흘러내릴 정도였다면 발을 높이 들고 위아래로 점프하며 춤을 추었음에 분명하다.

하나님 앞에 기쁜 마음을 손으로 발로 온몸으로 표현하며 찬양하는 것은 아름다운 일이다. 하나님께서 받으실 만한 아름다운 찬양이다. 그러나 주일 예배와 같은 공적인 예배에는 새신자나 초신자와 같이 교회에 처음 방문하는 분들이 있다. 찬양팀의 중요한 역할 중 하나는 찬양팀으로서 하나님을 예배하는 것도 중요하지만 성도들을 하나님께로 연결하는 중재자의 역할도 매우 중요하다. 나는 기쁨으로 춤을 추며 찬양할지 모르지만 예배에 나온 그 누군가가 그 모습 때문에 신앙생활에 거부감을 갖게 된다면 그것은 옳은 것이 아니다. 찬양을 인도하는 사람이 하나님에 대해 감격하고 기뻐하는 것을 회중에게 강요한다면 그것은 참된 기쁨의 찬양은 될 수 없다. 춤을 추면서 찬양하고 안하고는 선택의 문제이지 옳고 그름의 문제는 아니라고 생각한다.

잘못된 것은 춤을 추지 않고 찬양하는 것이 아니라 춤을 추며 찬양하는 사람을 비난하는 사람의 태도이다. 기쁘고 감격되면 얼마든지 우리의 몸은 반응할 수 있다. 아니 그렇게 해야 한다. 다윗이 춤을 추며 언약궤를 통한 하나님의 임재에 감격했던 것은 감격한자의 마땅한 행동이다. 문제는 다윗을 비판적으로 바라보았던 미갈이었다. 하나님을 전심을 다해 찬양하는 것을 비판하는 것은 예배와 찬양에 대한 몰이해로 인한 결과이다.

더 나아가서 성경 속에서 우리가 가진 발이 어떤 의미로 사용되었는지를 보면서 춤추는 찬양 이상의 메시지를 발견할 수 있었으면 좋겠다는 바람이 있다. 찬양하는 그 시간에만 우리의 춤추는 발에 관심을 가질 것이 아니라 삶 속에서 예배자로 살아갈 때 우리의 발이 어때야 하는지 바라보는 관심의 전환이 있길 소망한다.

낮아짐

출애굽기에서 가시떨기 나무에 임재하신 하나님을 마주한 모세는 한 가지 명령을 받는다. "여기로 가까이 오지 말라 네가 선 곳은 거룩한 땅이니 네 발의 신을 벗으라"(출 3:5). "가까이 할 수 없다"는 말은 레위기에도 자주 등장하며 하나님이 우리가 감히 범접할 수 없는 거룩한 분이심을 보여준다.

모세도 하나님을 가까이 할 수 없음을 잘 알고 있었다. 그런데 여기에 덧붙여 하나님은 모세가 신을 벗을 것을 명령하신다. 그 당시는 양말 같은 발을 보호하는 도구가 없었고 신발을 벗으면 맨발이 될 것을 추측해 볼 수 있다.

우리는 살면서 밖으로 나갈 때 신발을 신게 된다. 신발 위로 올라간다고 표현할 수도 있겠다. 하나님은 세상을 살아가기 위해 올라섰던 신발에서 내려오라는 것이다. 맨발이 되었다는 것은 사실 부끄러운 일이다. 옛날 어머니들은 남편 앞에서 맨발을 보이는 것을 수치로 여겼다고 한다. 그만큼이나 맨발은 감추고 싶은 은밀한 부위이다.

우리는 자기 자신을 내보이는 것을 부끄러워할 때가 많다. 반대로 조금이라도 잘난 것이 있다면 내보이려고 야단이다. 하지만 하나님 앞에서는 감춘다고 해서 감출 수 있는 것이 없다. 잘난 것을 내보인다 해도 하나님 앞에서는 부질없는 일이다.

"여호와께서 이와 같이 말씀하시되 하늘은 나의 보좌요 땅은 나의 발판이니 너희가 나를 위하여 무슨 집을 지으랴 내가 안식할 처소가 어디랴"(사 66:1). 이 말씀에서도 볼 수 있듯이 하나님의 발의 크기 앞에서 우리가 아등바등 살기 위해 걷기도 하고 뛰기도 하는 발은 너무나도 초라하다. 하나님이 모세에게 요청한 것은 이 세상을 살다가 오염된 신발로부터 떨어져서 거룩한 나의 땅에 서라는 의미와 함께 너의 있는 모습 그대로 서라는 뜻이 있는 것이다. 그러니 우리는 우리의 발이 거룩한 곳에 서도록 애써야 한다.

예수님께서 제자들에게 행하신 세족식도 같은 맥락에서 이해할 수 있다. 가장 수치스럽고 보이기에 부끄러운 발을 신발에서 꺼내 거룩하신 예수님의 손으로 그 발을 만지고 씻기신다. 이것은 예수님의 겸손과 섬김이지만 동시에 제자들에게는 눈물 없이는 감당할 수 없는 현장이다. 하나님의 본체이신 예수님의 그 손이 나의 가장 더러운 발을 만지고 계시는 것이다. 발을 씻김 받은 제자들은 그 발을 가지고 이제 어떻게 살아야 할 것인가? 과연 펄쩍펄쩍 뛰면서 발을 구르면서 찬양하는 행위만으로 충분한가? 우리는 기쁨을 표현하는 찬양 이상의 삶을 살아야 할 은혜를 받은 것이다.

거룩함을 추구하라

이 책을 쓰게 된 결정적인 계기가 바로 거룩에 대한 의문에서 시작되었다고 해도 과언이 아니다. 이 책의 어느 부분에 이 내용을 넣을까 고민하다가 이번 장에서 다루는 것이 좋겠다는 생각이 들었다.

과연 하나님이 거룩하다는 것은 무슨 의미일까? 수없이 많이 들었던 이 거룩이란 의미가 내 머릿속에서 전혀 정리되어 있지 못했다. 청소년

때부터 거룩이란 말을 접하면 그저 깨끗하게 살아야 한다는 종교적 압박으로 이해했다. 특별히 성적인 유혹이 심했던 청소년기에는 성적 범죄로부터 벗어나 깨끗한 상태로 받아들였다. 하나님이 거룩하다고 하면 하나님은 깨끗해서서 죄가 없으신 분이라는 정도의 생각을 했던 것 같다. 그러다 보니 찬양 속에 거룩이라는 가사가 나오면 괜스레 죄책감에 빠지고 하나님을 무서워했던 것 같다.

과연 거룩이란 뭘까? 거룩이라는 개념을 찾기 위해서 이 책 저 책을 들춰 보았다. 그러나 답을 찾지 못했고 여전히 막연했다. 하나님이 거룩하시다는 전제를 깔고 진행되는 경우가 많았다. 그 때마다 나는 '그러니까 그 거룩이 뭐냔 말이지?' 라는 질문을 하고 있었다.

나중에야 알게 되었지만 거룩이라는 하나님의 속성은 인간의 말로 표현하기 어려운 매우 광범위한 의미를 가지고 있었다. 하나님의 거룩함을 인간의 한 마디로 규정하려다가 오히려 오류를 범할 수 있다. 이런 이유 때문에 많은 사람들이 거룩을 한 마디로 설명하는 것을 어려워한 것이다.

그렇지만 막연하고 애매하기 때문에 거룩이라는 단어를 지나치는 것 또한 같은 오류를 범한다는 생각이 들었다. 게다가 찬양할 때 자주 등장하는 거룩이라는 단어를 만날 때마다 답답함은 더욱 커졌다.

• **하나님의 거룩**

국어사전을 찾아보면 거룩은 "성스럽고 위대하다" 혹은 "높은 뜻을 갖다"라고 정의가 되어 있다. 반대말은 '미천하다' 이다. 사전적 정의에 비추어보자면 하나님은 성스럽고 위대하고 높은 뜻을 가진 분이 되는 것이다. 하지만 뭔가 부족한 설명이라는 것을 느낄 것이다. 이것이 우리가 가진 이성의 틀에서 생각할 수 있는 최선의 의미일 것이다. 성경으로 가 보면 거룩의 의미는 좀 더 명확해진다.

성경에는 거룩에 대한 개념이 두 가지로 구분된다. 첫째는 하나님의 속성으로의 거룩이고, 둘째는 하나님의 백성에게 요구되는 온전한 삶으로의 거룩이다.

먼저 하나님의 거룩을 살펴보자. 사실 하나님의 속성인 거룩은 인간의 언어로는 설명할 수 없다. 왜냐하면 우린 하나님이 아니기 때문이다. 거룩은 하나님께만 속해 있는 개념이다. 하나님 자체를 말한다고 할 수 있다. 그렇기 때문에 성경은 거룩하신 하나님을 두려워하며 고개를 들어 바라볼 수조차 없는 존재로 설명하고 있다. 인간은 인식할 수 없는 미지의 세계를 경험할 때 두려움을 느낀다. 아마도 하나님의 거룩 앞에 선다는 것은 인간의 한계를 뛰어넘는 세계 속에 있다는 생각에 두려움을 불러일으키는 것 같다.

우리는 거룩이란 하나님의 속성을 히브리 사람들이 사용한 "코데쉬"라는 단어의 의미로 유추할 수 있을 뿐이다. 코데쉬는 구별됨, 분리됨을 의미하는 말이다. 하나님은 인간이 상상할 수 있는 모든 것으로부터 구별되시고 분리되어 계신 분이라는 뜻이다. 초월해 계시는 분이며 우리

보다 늘 한수 위에 계시다는 뜻이다. 이 개념에는 어떤 조건도 필요 없다. 무조건 뛰어나시다는 의미이다. "나의 생각은 너의 생각과 다르며"나 "나의 지혜 없는 것이 인간의 지혜 있는 것보다 뛰어나며" 등의 성경 구절이 이것을 나타내고 있다.

예를 들어 내가 하나님은 죄가 없으신 깨끗한 분이라는 생각을 하고 있다고 하자. 하나님은 우리가 깨끗하다고 생각하는 기준을 뛰어넘어 다른 차원의 깨끗한 분으로 존재하신다는 것이다. 우리가 하나님의 능력을 상상해볼 수 있는데 하나님은 그 상상을 뛰어넘어 그 위에 존재하신다는 것이다. 때로는 우리가 하나님을 두려워할 수 있는데 하나님은 그 두려움 이상으로 두려운 분이라는 것이다. 우리가 하나님의 뜻은 이런 것이라고 말할 수 있지만 하나님은 그 생각 위에 계신다는 것이다. 이것이 하나님의 거룩이다. 우리와 완전히 다른 차원에서 구별되어 존재하신다는 것이다.

이제 다시 한 번 이사야의 말씀을 읽어보라. "(스랍들이) 서로 불러 이르되 거룩하다 거룩하다 거룩하다 만군의 여호와여 그의 영광이 온 땅에 충만하도다"(사 6:3). 우리가 최대한으로 생각할 수 있는 것 이상에 존재하시는 거룩하신 하나님을 3번이나 반복해서 부르고 있다.

나는 어느 날 차 안에서 이사야의 말씀을 묵상하다가 나도 모를 감격에 눈물이 주르륵 흐르는 경험을 했다. 나는 이사야의 스랍들처럼 하나님의 거룩을 3번 반복하여 묵상하며 찬양했다. 첫 번째로 "하나님은 거룩하십니다"를 고백할 때부터 내 마음은 벅차 있었다. 왜냐하면 하나님은 우리 인생과는 완전히 다른 분이시며 측량할 수 없는 놀라우신 분이기 때문이었다. 두 번째로 "하나님은 거룩하십니다"라고 고백할 때, 하나님의 크심이 나를 압도하기 시작했다. 나는 세 번째 차마 "하나님은 거룩하십니다"를 고백할 수조차 없었다. 나는 하나님이 거룩한 분이라는 소리조차 낼 수 없는 작은 피조물임을 알았기 때문이었다.

거룩이 더욱 극대화되는 장소가 바로 예배의 장소이다. 하나님은 이스라엘 백성에게 임재하실 때 구별되어진 성막(혹은 성전)을 지으라고 명령하신다. 그리고 제사할 때(예배할 때) 그곳에 보좌를 만드시고 앉으셔서 그 제사를 받으셨다. 그 거룩하신 하나님께서 인간의 땅에 나타나시는 영광스러운 순간인 것이다(시 16:7, 시 97:6). 그래서 제사장들은 하나님이 임재하신 예배의 장소를 거룩한 곳으로 유지하기 위한 임무를 맡은 자들이었다.

그리고 예배로 나아오는 자들은 정결한 모습으로 나아가기 위해 최선을 다해 정결법을 지켰다. 예배하는 자들의 태도를 여기서 찾아 볼 수 있다. 왜 예배 가운데 우리는 경외감으로 나아가야 하는가? 거룩하신 하나님이 임재하시기 때문이다.

성물도 마찬가지이다. 제사에 사용되는 도구는 거룩해야 한다. 거룩한 하나님께 드려지는 것이기 때문이다. 하지만 결국은 사람의 손에 의해서 만들어진 물건일 뿐이다. 그럼에도 불구하고 하나님은 그것을 이 땅에서 사용하지 않고 하나님께 쓰일 수 있도록 구별해놓은 것 자체로 그 물건을 거룩하다고 여겨주시는 것이다.

"또 관유를 가져다가 성막과 그 안에 있는 모든 것에 발라 그것과 그 모든 기구를 거룩하게 하라 그것이 거룩하리라 너는 또 번제단과 그 모든 기구에 발라 그 안을 거룩하게 하라 그 제단이 지극히 거룩하리라"(출 40:9-10). 관유(기름)를 바를 때 기름에 희한한 기능이 있어서 기구들이 물리적인 변화를 나타내는 것이 아니다. 그런 작은 행위 하나로 구별됨을 표시할 때 하나님은 그것이 거룩하게 되리라고 선포해주시는 것이다. 거룩의 주인되시는 하나님만이 하실 수 있는 선언이다.

우리가 찬양 중에 하나님의 거룩이라는 가사를 만날 때, 우리는 그분의 크심에 압도 당해야만 한다. "거룩 거룩 거룩 만군의 주여"라는 찬송가 한 곡에도 하나님은 충분히 만유의 주인이시고 만군의 대장이십니다라는 고백이 있어야 한다. 하나님은 군대의 대장으로서 인간은 도저히 상상할 수 없는 방법으로 승리를 이끌어내시는 분이라는 신뢰를 드려 찬양해야 한다.

• **인간의 거룩**

거룩은 인간에게 붙일 수 있는 단어가 아니다. 인간은 결코 거룩하지 않다. 오직 하나님만이 거룩하시다. 거룩하신 하나님을 넘어설 수 없다면 우리는 거룩이라는 말을 결코 쓸 수 없다. 거룩에 합당한 유일한 분이 바로 하나님이시다.

그럼에도 하나님은 끊임없이 인간을 향하여 거룩해지라는 명령을 하고 계신다. 이 명령 앞에서 "도대체 거룩하지 않은 인간이 어떻게 거룩해질 수 있단 말인가"라는 절망적인 의문이 우리를 괴롭힌다. 그렇다. 우리는 거룩한 존재도 아니고 또 스스로 거룩해질 수도 없다.

하지만 방법이 있다. 하나님의 속성이신 거룩이 우리에게 전수될 때는 가능해진다. 하나님과 같은 거룩의 수준에 이르는 것이 아니라 '거룩하다고 인정' 해주시는 은혜를 베푸시는 것이다. 또한 거룩한 삶을 추구하도록 마음에 거룩함에 대한 갈망을 심어주신다. 하나님은 예수를 그리스도로 믿고 구원 받은 우리를 '성도' 즉 거룩한 무리라고 인정해주시고 있다.

하나님은 친히 이스라엘 백성을 다른 민족과 구별되게 하신다. 이 구별됨의 주도권은 하나님께 있다. 출애굽에서 "너희는 나의 안식일을 지키라"(출 31:13)고 말씀하시면서 그 이유를 설명하신다. "이(안식일을 지키는 것)는 나와 너희 사이에 너희 대대의 표징이니 나는 너희를 거룩하게 하는 여호와인 줄 너희가 알게 하려 함이라"고 하신다.

여기서 거룩하게 된 자의 의무가 나온다. 이 의무는 하나님처럼 거룩하게 되라는 식의 도저히 할 수 없는 일이 아니라 순종함으로 충분히 할 수 있는 일들을 요청하시는 것이다. 이러한 순종을 통해서 이스라엘은 다른 민족들과는 구별된 삶의 방식을 갖게 되는 것이고 이것을 하나님은 거룩하게 여겨주시는 것이다.

그렇다면 우리는 지금 거룩함을 입고 있는가? 그렇다. 우리가 거룩한 것은 바로 예수 그리스도의 보혈의 공로 때문이다. 히브리서 10장 10절의 말씀을 묵상해보자. "이 뜻을 좇아 예수 그리스도의 몸을 단번에 드리심으로 말미암아 우리가 거룩함을 얻었노라"

우리는 본래부터 떳떳하게 하나님을 예배할 수 있는 존재가 아니었다. 예수 그리스도로 말미암은 거룩케 됨의 은혜가 없다면 우리는 감히 하나님께 가까이 나갈 수 없는 존재들이었음을 잊어서는 안 될 것이다. 그러나 최근의 예배는 프로그램화되고 하나님을 경외하는 두려움보다는 친밀감이라는 문화에 밀려가는 왜곡된 예배가 되고 있다는 안타까움이 있다.

"혹 피리나 거문고와 같이 생명 없는 것이 소리를 낼 때에 그 음의 분별(구별)을 나타내지 아니하면 피리 부는 것인지 거문고 타는 것인지 어찌 알게 되리요"(고전 14:7). 우리는 교회 안에 믿음의 사람들끼리 누가 더 찬양을 잘하는지 그 안에서 구별되려고 애쓰는 것 같다. 누가 손을 들었고 누가 춤을 췄고 누가 무릎을 꿇었는지에 대한 차별성을 강조하는 데 몰두하고 있는 것은 아닌지 안타깝다.

우리가 지금 누구와 구별되어야 하는가? 앞서 찬양은 공적인 선포라고 했던 말을 기억해볼 필요가 있다. 거룩함을 위해 걸어가는 그 발걸음 소리가 세상과 구별된 아름다운 찬양이라는 인식의 전환이 필요할 때이다.

나의 발을 사슴과 같게 하사

인간의 발은 내버려두면 악을 향해 가는 데 더 익숙하다. "여호와께서 미워하시는 것 곧 그의 마음에 싫어하시는 것이 예닐곱 가지이니…… 빨리 악으로 달려가는 발과……"(잠 6:17, 19)과 "그 발은 행악하기에 빠르고 무죄한 피 흘리기에 신속하며"(사 59:7)는 인간의 발에 대한 정확한 평가이다. 우리는 하나님의 말씀에 순종하여 거룩한 걸음을 걸을지 아니면 내 본성대로 죄악된 길로 걸어가도록 내버려둘지를 매일 매 순간 결정해야 한다. 시편기자는 의지적인 결단으로 거룩의 길을 걷고 있음을 선포한다. "내가 주의 말씀을 지키려고 발을 금하여 모든 악한 길로 가지 아니하였사오며…… 나의 발걸음을 주의 말씀에 굳게 세우시고 어떤 죄악도 나를 주관하지 못하게 하소서"(시 119:101, 133). 하나님의 말씀은 곧 하나님이시다. 우리와 소통하기 위해 주신 유일한 통로가 바로 언어이다. 말씀으로 말 걸어오신 하나님의 뜻을 우리는 반드시 지켜야만 한다. 말씀을 읽고 그 말씀을 마음에 새기는 삶을 살지 않으면 갈 방향을 잃고 만다. 옳은 길을 잃어버린다는 것은 우리가 악한 길로 걸을 수밖에 없다는 이야기가 된다.

하나님은 매일의 한 걸음 한 걸음을 말씀에 빛을 의지하여 걸어가는 자를 보호하신다. 선한 길로 걸어가려고 애를 쓰며 살아갈 때도 악한 자들은 우리를 미혹하고 괴롭힐 때가 있다. 시편 94편은 악한 자에 대한 복수를 하나님께 맡기며 쓴 시이다. "여호와여 나의 발이 미끄러진다고 말할 때에 주의 인자하심이 나를 붙드셨사오며"(시 94:18). 내가 옳은 길로 가기위해서 말씀 위를 걸어갈 때 악한 자들은 우리를 미혹함으로 내가 원하지 않는 곳으로 미끄러질 때가 있다. 하지만 하나님은 사랑으로 나를 붙잡아 더 이상 미끄러지지 않도록 하신다.

인터넷을 검색하다가 기가 막힌 사진을 본 적이 있다. 높은 바위산을 자유롭게 오르락내리락하는 산양의 사진이었다. 그 산양은 직각에 가까워 보이는 가파른 바위에 늠름하게 서 있었다. 나는 도저히 믿을 수가 없었다. 어떻게 저 각도의 바위에 서 있을 수 있을까? 그 때 내 머리를 지나간 성경 구절이 있었다. "나의 발로 암사슴 발 같게 하시며 나를 나의 높은 곳에 세우시며"(삼하 22:34, 시 18:33).

바벨론이 침략해오는 상황에서 두려움에 떨던 하박국은 하나님의 환상을 보며 믿음을 다시 불러일으킨다. 그리고 그는 소망의 노래를 부른다. "주 여호와는 나의 힘이시라 나의 발을 사슴과 같게 하사 나를 나의 높은 곳으로 다니게 하시리로다 이 노래는 지휘하는 사람을 위하여 내 수금에 맞춘 것이니라"(합 3:19).

하나님은 거룩한 삶을 살려고 말씀대로 순종하며 사는 사람의 발을 사슴과 같게 하신다는 깨달음을 주셨다. 사람은 이해할 수 없는 산양의 모습처럼 이 험난한 세상 속에서 구별된 자로 살아갈 수 있도록 우리의 발을 사슴과 같게 하실 하나님을 찬양함이 마땅하다.

4 | 얼굴 : 하나님의 영광을 드러내라

만나뵙게 되어 영광입니다

내가 존경하는 사람이나 꼭 한번 만나보고 싶었던 인물을 우연히 마주칠 때가 있다. 그 순간 나도 모르게 "만나뵙게 되어 정말 영광입니다"라는 말이 튀어나온다. 이런 반응이 나올 때는 세 가지 정도의 전제가 깔려 있다. 첫째는 진짜 만남이 있었다는 것을 전제한다. 둘째는 마주친 대상을 잘 알고 있다는 것을 전제로 한다. 마지막으로는 그 대상을 정말 동경해서 보고 싶었다는 갈망함을 전제로 한다. 하지만 이런 전제가 없더라도 영광이라는 인사말을 전할 수 있다. 겉치레 인사말이 그런 경우다.

예를 들어보자. 노벨 평화상을 받을 정도로 유명하고 인격이 훌륭한 A

라는 사람이 있다. 이 사람을 존경하고 따르는 B라는 사람이 있다. B는 A라는 사람이 무엇을 어떻게 해왔는지에 대해서 낱낱이 알고 있다. 비록 한 번도 본적은 없지만 B라는 사람은 A를 너무 좋은 사람으로 생각하고 있다. 그러던 어느 날 B가 A를 만나게 된다. 너무 기쁜 마음으로 그의 손을 꽉 쥐어 악수하면 한 마디를 건넨다. "이렇게 뵙게 되다니 정말 영광입니다."

하지만 또 다른 경우가 있을 수 있다. C라는 사람이 있다. 이 사람은 노벨 평화상을 수상한 A라는 사람의 이름을 들어 알고 있다. 하지만 그 사람이 어떤 일을 했는지 인품이 어떤지에 대해서는 전혀 관심이 없다. C 역시 A를 만날 기회가 생긴다. 그리고 인사를 건넨다. "노벨 평화상을 받으셨다면서요? 만나게 되어 영광입니다." 똑같은 인사말이지만 여기에 의미는 180도 다르다. B는 A라는 사람의 한 일과 성품에 대한 존경심으로 인해 영광스러움을 느꼈지만 C라는 사람은 A에 대해서 그저 인사치례로 건넨 말일 뿐이다.

예배는 하나님을 만나는 자리이다. 영광스러운 자리이다. 우리가 하나님과의 만남이 이루어지는 예배 속에서 그분을 영광스럽게 여긴다는 것은 실제적인 만남이 이루어져야 하고, 그 하나님을 잘 알아야 하며, 하나님을 만나고 싶은 갈망함으로 나아갈 때만 가능한 것이다. 이러한 예배의 태도가 없다면 우리의 예배는 그저 인사치례 이상도 이하도 아니다.

"내가 주의 권능과 영광을 보기 위하여 이와 같이 성소에서 주를 바라보았나이다"(시 63:2).

"주를 찬송함과 주께 영광 돌림이 종일토록 내 입에 가득하리이다"(시 71:8).

이와 같이 시편 기자들을 통해 그들이 얼마나 하나님을 만나고 싶어 했으며 그 앞에서 영광을 돌려드리는 일을 기대하며 찬양했는지의 모습들을 발견할 수 있다.

하나님을 만남

과연 우리가 하나님을 만나는 일이 그렇게 쉬운 일인가? 만난다는 것은 서로 볼 수 있다는 것을 전제한다. 얼굴과 얼굴을 마주한다는 것이다. 그런데 하나님은 영이시다. 우리의 육체의 눈으로는 도저히 볼 수 없다. 물론 성경에는 하나님과의 만남을 묘사하는 장면이 자주 등장한다. 대표적인 장면은 출애굽기 33장이다.

"모세가 이르되 원하건대 주의 영광을 내게 보이소서 여호와께서 이르시되 내가 내 모든 선한 것을 네 앞으로 지나가게 하고 여호와의 이름을 네 앞에 선포하리라 나는 은혜 베풀 자에게 은혜를 베풀고 긍휼히 여길 자에게 긍휼을 베푸느니라 또 이르시되 네가 내 얼굴을 보지 못하리니 나를 보고 살 자가 없음이니라 여호와께서 또 이르시기를 보라 내 곁에 한 장소가 있으니 너는 그 반석 위에 서라 내 영광이 지나갈 때에 내가 너를 반석 틈에 두고 내가 지나도록 내 손으로 너를 덮었다가 손을 거두리니 네가 내 등을 볼 것이요 얼굴은 보지 못하리라"(출 33:18-23).

이 본문에서 모세가 하나님의 영광을 보기 원한다고 요청할 때는 하나님께서 나타나주시기를 원한다는 임재를 의미했다. 그런데 하나님은 19절과 20절에서 "내 형상"만 살짝 지나갈 것이고 "내 얼굴"을 보지 못할 것이라고 대답하신다. 그러니까 직접적인 얼굴을 마주하는 만남은 불가능하다고 대답을 하신다. 하나님의 얼굴을 직접 본 사람은 죽음을 면치 못하기 때문이다.

기드온의 고백도 같은 사실을 말하고 있다. "기드온이 그가 여호와의 사자인 줄을 알고 이르되 슬프도소이다 주 여호와여 내가 여호와의 사자를 대면하여 보았나이다 하니 여호와께서 그에게 이르시되 너는 안심하라 두려워하지 말라 죽지 아니하리라 하시니라"(삿 6:22-23).

하나님의 영광을 보겠다는 원함이나 하나님의 얼굴을 구한다는 것은 사실상 인간의 목숨을 걸어야 하는 위험한 요청이다. 이것이 창조주와 피조물이 가져야 하는 원칙적인 인식이다. 창조주 앞에 설 수 없다는 것이다. 그 위엄과 영광의 빛 앞에서 인간은 견딜 수가 없다. 하나님을 대면하여 친구처럼 이야기를 나누었다는 모세조차도 사실상 직접적으로 하나님을 보았다는 의미는 아니다. 출애굽기 33장 11절에서 이미 하나님을 대면했다는 것이 진짜로 하나님의 얼굴을 보았다는 의미라면 모세가 18절에서 다시 영광을 보여 달라고 요청할 필요가 없었을 것이다.

여기서 하나님의 얼굴을 대면했다는 것은 피조물에게 일방적으로 다가가시는 것이 아니라 인격적으로 대하신다는 친밀감을 나타내는 의미이다. 구약성경에서 하나님의 얼굴은 이스라엘을 보호하신다는 상징적인 의미로도 사용되어 왔다. "만군의 하나님이여 우리를 회복하여 주시고 주의 얼굴의 광채를 비추사 우리가 구원을 얻게 하소서"(시 80:7).

신약시대에 오면 친밀감이나 보호하심의 차원을 넘어서는 놀라운 사건이 벌어진다. 바로 하나님의 본체이신 예수님께서 직접 피조물의 땅으로 내려오신 것이다. 이것은 하나님의 영광을 포기하고 인간과 직접적으로 얼굴을 마주 대하는 인류 역사상 최고의 사건이다. 이것을 우리는 은혜라고 부른다.

"어두운 데에 빛이 비치라 말씀하셨던 그 하나님께서 예수 그리스도의 얼굴에 있는 하나님의 영광을 아는 빛을 우리 마음에 비추셨느니라"(고후 4:6).

예수 그리스도의 얼굴에는 바로 하나님의 영광이 있었다. 사람들은 하나님의 얼굴과 마주 대하게 된 것이다. 나는 변화산에서 예수님으로부터 나왔던 빛을 떠올릴 때, 그렇게도 강렬한 빛을 가지고 계셨지만 그 빛을 드러내지 않으면서 이 땅에서의 삶을 사셨던 이유가 바로 사람들이 마주할 수 있도록 배려하신 사랑이라고 생각한다.

우리가 영광스러운 하나님을 직접적으로 대면하기 위한 유일한 길은 예수 그리스도 이외에는 없다. 예배가 하나님과의 만남의 자리라면 우리가 예수 그리스도의 은혜를 가지고 나아가야 하는 이유가 여기에 있다. 지성소로 들어갈 수 있는 담대함을 우리에게 주신 예수님을 어찌 찬양하지 않을 수 있겠는가?

"그러므로 형제들아 우리가 예수의 피를 힘입어 성소에 들어갈 담력을 얻었나니 그 길은 우리를 위하여 휘장 가운데로 열어 놓으신 새로운 살 길이요 휘장은 곧 그의 육체니라"(히 10:19-20).

영광의 의미

영광의 의미를 좀 더 살펴보면 좋을 것 같다. 과연 영광이란 무엇일까? 앞서 말한 바와 같이 하나님의 영광은 인간이 감히 볼 수 없는 하나님의 얼굴과 같아서 심지어 죽음에 이를 정도로 감당할 수 없는 것이다. 성경 안에도 하나님의 영광 앞에서 사람들은 그 얼굴을 들지 못하고 엎드리는 장면들이 많이 나온다. 하나님의 영광이 무엇이길래 사람들은 그 영광을 그토록 바라면서도 동시에 두려워 감히 그 영광 앞으로 나오지 못한 것일까?

많은 책에서도 영광이라는 표현을 쓰지만 그것에 대한 분명한 해설을 하고 있지 않다. 거룩이라는 단어와 같이 영광은 하나님에게만 속한 속성이기 때문이다. 결국 우리의 인식의 범위에서 생각해볼 수밖에 없다.

찬양 중에 하나님은 영광스럽다는 가사나 하나님께 영광을 돌리라는 가사가 나올 때 그 의미를 모른다면 우리는 스쳐지나가듯 하나님을 대하게 된다. 영광이라는 단어를 한문으로 풀면 "영광(榮光)"이 되기 때문에 영광과 빛은 연결이 되어 있는 것으로 쉽게 연상이 된다. 그래서 영광의 빛이라는 문구는 우리에게 매우 익숙하다. 사실 이것도 전혀 틀린 말은 아니다. 왜냐하면 영광을 하나님의 드러내심이라고 말한다면 강렬한 빛이나 불보다 더 적절한 것도 없기 때문이다.

• **영광스러운 하나님**

영광은 두 가지 측면으로 구분해서 이해하는 것이 좋다.

첫째는 하나님께서 친히 자기 자신을 드러내심을 표현할 때 하나님의 영광이라고 말한다. 영광이라는 히브리어 "카보드"는 기본적인 개념이 무게를 나타내는 것이다. 그러니까 우리는 하나님의 영광을 상상해볼 때 측량할 수조차 없는 압도적인 무게감과 위엄으로 등장하시는 이미지를 떠올릴 수 있다.

이 무게감이 얼마나 강렬하게 빛으로 발산되었는지 하나님의 영광 앞에서 이 무게감에 눌려 차마 얼굴을 들지 못하였다. 왕정국가들에게 왕이란 존재 앞에 선 신하들이나 백성들은 고개를 들지 못하고 왕이 무슨 말을 할지 두려워하며 서 있던 모습을 떠올려도 좋을 것 같다. "그 사방 광채의 모양은 비 오는 날 구름에 있는 무지개 같으니 이는 여호와의 영광의 형상의 모양이라 내가 보고 엎드려 말씀하시는 이의 음성을 들으니라"(겔 1:28).

예수님의 변화산 이건은 우리가 시각적으로 영광을 이해하는 데 좋은 근거가 된다. 존 파이퍼는 하나님의 영광에 대해 "하나님의 신성의 충만함이 발산되는 총계이다"라고 말했다. 하나님으로서의 최고치의 빛이 발산되는 것이 하나님의 영광이라는 것이다.

우리가 또 하나 기억해야 할 것은 하나님의 영광이 하나님의 거룩하심과 무관하지 않다는 것이다. 그래서 성경에서는 하나님의 거룩과 영광을 함께 표현하는 경우가 종종 나오며, 그 때마다 감히 범접할 수 없는 하나님을 표현하고 있다. 특히 출애굽기 29장 43절에서 "내가 거기서 이스라엘 자손을 만나리니 내 영광으로 말미암아 회막이 거룩하게 될지라"라고 말하고 있는데 이것은 우리에게 영광이 무엇인지를 알 수 있도록 돕는다. 3단 논법으로 정리하자면, "하나님은 거룩하시다. 그 거룩하신 하나님이 영광으로(영광을 가지고) 임재하신다. 그리고 그 영광이 임하실 때 그곳은 거룩해진다"가 된다.

나는 도저히 이해할 수 없는 하나님의 거룩과 영광을 조금이라도 쉽게 인식하고 싶은 마음에 거리감과 무게감이라는 단어를 생각해냈다. 거룩이라는 단어를 마주할 때는 하나님과 피조물된 우리 사이에 끝없이 먼 거리감을 느끼려고 애쓴다. 영광이라는 단어를 접할 때는 하나님의 상상할 수 없는 엄청난 무게로 압도하는 무게감을 느끼려고 노력한다.

• **영광 받으실 하나님**

둘째로, 피조물인 인간의 입장에서 하나님의 영광에 대한 반응함으로 영광을 드러내는 것이다. 이것은 마치 태양의 빛을 반사해 달이 지구에 빛을 비추는 것과 같은 원리로 이해할 수 있을 것이다.

햇살 가득한 봄날 눈부신 하늘과 형형색색의 꽃들을 보며 감탄한 경험이 있을 것이다. 한여름 숲속의 새들의 지저귐, 가을이면 울긋불긋 단풍, 그리고 한겨울 눈이 내려앉은 나뭇가지에 환상적인 눈꽃을 볼 때 우리는 탄성을 감출 수 없다. 이렇듯 자연을 볼 때 우리는 신비함 이상의 경외심을 갖게 된다. 계절의 변화를 통해 하나님의 영광은 자연이라는 피조물을 통해 발산하고 계신 것이다.

인간도 마찬가지이다. 인간도 하나님의 영광의 빛을 드러낼 수 있어야 한다. 특별히 크리스천들에게는 이 의무가 주어져 있다. 세상 사람들이 크리스천을 볼 때 도덕적으로 윤리적으로 하나님이 보여야 한다. "이같이 너희 빛이 사람 앞에 비치게 하여 그들로 너희 착한 행실을 보고 하늘에 계신 너희 아버지께 영광을 돌리게 하라"(마 5:16).

성경에도 하나님의 영광을 본 모세가 영광스럽게 되어 이스라엘 백성에게 하나님의 영광의 빛을 보인 적이 있다. "이스라엘 자손이 모세의 얼굴의 광채를 보므로 모세가 여호와께 말하러 들어가기까지 다시 수건으로 자기 얼굴을 가렸더라"(출 34:35). 이 말씀을 믿는다면 우리는 하나님의 영광의 빛을 우리 얼굴에도 담을 수 있다는 사실을 믿어야 한다.

세상의 지도자들이 자신의 얼굴을 동상으로 만들어서 참된 통치권자임을 사람들에게 알리려고 할 때가 종종 있다. 하나님 또한 우리 자신들에게 하나님의 형상을 부여하셨다. 하나님의 창조 세계의 진정한 통치권자이신 하나님께서 우리에게 그 통치권의 형상을 심어놓으신 것이다. 그러므로 우리는 하나님의 영광의 빛을 받을 수 있고 그 빛을 뿜어내어 하나님이 이 세상을 통치자이심을 드러낼 수 있다. 이것이야말로 진정한 찬양이 아니고 무엇이겠는가?

찬양은 하나님을 드러내는 것이다. 하나님 스스로 영광의 빛을 발하시며 영광스러움을 취하시지만 또 한편으로는 우리를 통해 영광을 받으신다. "이는 잠잠하지 아니하고 내 영광으로 주를 찬송하게 하심이니 여호와 나의 하나님이여 내가 주께 영원히 감사하리이다"(시 30:12).

여기서 "내 영광"은 내가 스스로 취득한 것이 아니다. 근심과 낙심 속에 있을 때 그 슬픔을 춤으로 바꾸시고 베옷을 벗겨 기쁨의 띠를 둘러주신 하나님으로부터 얻어진 영광이다. 하나님으로부터 혜택을 받음으로 얻은 영광은 바로 시편기자의 찬양으로 연결되고 있다. 하나님은 우리를 영광스럽게 하심으로 찬양받으시는 하나님이신 것이다.

영광을 돌리세

영광을 돌리세 우리 하나님께

존귀와 위엄과 능력과 아름다움

찬양을 인도하다보면 자주 나오는 가사 중 하나가 바로 "영광을 돌리세"라는 것이다. 영광을 돌려드려야 한다는 것인데, 도대체 어떻게 해야 하나님께 영광을 돌려드릴 수 있을까가 고민이 된다. 앞에서도 잠깐 언급했지만 하나님은 우리를 영화롭게 하시고 영광스럽게 만들어주신다.

우리는 그 영광에 도취되어 자만하면 안 된다. "하나님께서 모든 것을 하셨습니다"라고 선포의 찬양을 올려드려야 한다. 나에게 주어진 영광은 바로 하나님으로부터 온 것이며 하나님의 영광에 속한 것이기 때문이다. 그러므로 영광을 하나님께 돌려드린다는 표현은 너무나도 적절하다.

성경을 통해 하나님께 영광을 돌려드린 경우들을 살펴보면 좋을 것 같다.

첫째 우리는 하나님의 이름을 생각하며 영광을 돌려드려야 한다. "여호와여 영광을 우리에게 돌리지 마옵소서 우리에게 돌리지 마옵소서 오직 주는 인자하시고 진실하시므로 주의 이름에만 영광을 돌리소서"(시 115:1)와 "여호와께 그의 이름에 합당한 영광을 돌리며 거룩한 옷을 입고 여호와께 예배할지어다"(시 29:2)에서 나타난 고백처럼 하나님의 이름은 영광을 받으시기에 충분하시다.

우리는 앞서 이름에 대해서 몇 가지를 살펴보았다. 여호와와 예수라는 이름을 깊이 묵상한다면 그 이름이 얼마나 영광스러운지를 알 수 있다.

예를 들어 '여호와 이레' 곧 미리 준비하고 예비하시는 하나님이라는 이름을 들을 때, 우리는 나의 나 된 것은 하나님의 계획된 손길로 인한 것이었음을 고백하게 된다. 이 고백을 통해 우리는 하나님께 영광을 돌리는 것이며 하나님은 영광을 취하시는 것이다. 하지만 모든 결과물이 나를 향해 있다면 그것은 하나님의 영광을 가로채는 것이며 교만한 것이고 하나님을 대항하는 것이다.

성경을 통해 우리는 셀 수 없이 많은 하나님의 이름과 성품과 속성들을 대하게 된다. 이 지면을 할애하지 못하는 것이 못내 아쉽다. 하지만 우리가 말씀을 대하면서 이런 하나님의 이름을 만날 때 우리는 그 이름에 합당한 영광을 돌려야 한다. 이 때 얼마든지 곡조 있는 찬양으로 영광을 선포해드릴 수 있다.

둘째, 인간으로는 도저히 불가능한 기적과 같은 일들을 만날 때 영광을 돌려야 한다. 누가복음에 중풍병자가 치유되는 사건이 나온다.

"그러나 인자가 땅에서 죄를 사하는 권세가 있는 줄을 너희로 알게 하리라 하시고 중풍병자에게 말씀하시되 내가 네게 이르노니 일어나 네 침상을 가지고 집으로 가라 하시매 그 사람이 그들 앞에서 곧 일어나 그 누웠던 것을 가지고 하나님께 영광을 돌리며 자기 집으로 돌아가니 모든 사람이 놀라 하나님께 영광을 돌리며 심히 두려워하여 이르되 오늘 우리가 놀라운 일을 보았다 하니라"(눅 5:24-26).

만약 운동경기에서 누구도 해내지 못한 기록을 내서 세계 신기록을 얻게 된다면 경기장의 모든 사람들의 시선과 기자단들의 사진 플래시가 그 한 사람을 향하게 될 것이다. 그 사람의 경기를 몇 번이고 되풀이해 보면서 우리는 세계 신기록을 보유한 그 사람이 노력 끝에 드디어 영광스러운 자리에 올랐다고 말할 것이다.

가장 큰 영광을 받으셔야 하는 하나님은 이 땅의 그 어느 누구도 할 수 없는 일을 행하심으로 자신의 영광을 취하신다. 하나님이 행하신 놀라운 일은 때론 사람을 두렵게까지 만든다. 그리고 많은 사람들의 입술을 통해서 "이 일은 하나님이 아니고서는 할 수 없는 일이야"라는 찬사를 얻어낸다. 이런 찬사가 바로 하나님께 영광을 돌려드리는 것이다.

셋째는 우리를 구원하심으로 인해 하나님께 영광을 돌려야 한다. 우리가 믿음을 갖게 된 것도 그 주어진 믿음으로 예수를 그리스도로 시인하여 구원을 얻게 된 것도 모두가 하나님의 은혜이다. 은혜는 내 노력으로 얻은 것이 아니라 하나님이 베푸신 사랑과 긍휼이다.

"값으로 산 것이 되었으니 그런즉 너희 몸으로 하나님께 영광을 돌리라"(고전 6:20).

"이는 모든 것이 너희를 위함이니 많은 사람의 감사로 말미암아 은혜가 더하여 넘쳐서 하나님께 영광을 돌리게 하려 함이라"(고후 4:15).

"모든 입으로 예수 그리스도를 주라 시인하여 하나님 아버지께 영광을 돌리게 하셨느니라"(빌 2:11).

십자가에 달리시기까지 우리를 사랑하시고 구원하신 하나님의 은혜를 생각하면 그 모든 공로를 하나님께 돌려드리는 것은 마땅한 일이다. 자격 없는 우리가 여전히 죄인이었을 바로 그 때 우리를 찾아오신 사건은 도저히 있을 수 없는 일이다. 그러므로 우리는 이제는 "너희 몸으로" 하나님께 영광을 돌리라는 요청에 아멘으로 화답해야 한다. 우리가 구원의 모든 공로를 예수 그리스도의 십자가라고 인정하고 고백함으로도 하나님께 영광을 돌리는 것이지만 더 나아가서는 우리의 몸, 즉 우리의 삶이 인정함과 고백함을 증명해내야 한다. 나는 이것이 하나님께 영광을 돌리는 균형이라고 생각한다. "하나님이 하셨습니다"와 "하나님께 누를 끼치지 않는 삶을 살겠습니다" 두 가지 모두를 취해야 한다.

영광의 기쁨

경기장에서 세계 신기록을 세우고 전 세계인들에게 집중과 칭찬과 환호를 받는 것은 얼마나 기쁜 일인가? 영광스러운 자리에 선다는 것은 기쁨을 동반하는 일이다. "여호와의 영광이 영원히 계속할지며 여호와는 자신께서 행하시는 일들로 말미암아 즐거워하시리로다"(시 104:31).

하나님의 영광은 끝이 없으시다. 왜냐하면 영광 받으실 만한 일들을 끊임없이 우리에게 베푸실 것이기 때문이다. 그러므로 하나님은 스스로의 영광을 위해 지금도 일하시고 계시다. 그리고 그 일들을 통해 우리로 하여금 영광을 받으신다. 우리에게 일을 행하시고 우리를 통해 영광을 취하시는 이 과정에서 발생되는 것이 바로 기쁨이다.

이 시편기자의 감격이 나는 너무나도 느껴진다. 얼마나 좋을까? 하나님도 영광을 받으셔서 기쁘고 우리는 하나님의 은혜를 받아서 감격한다. 31절의 고백이 절로 나오지 않을 수 없다. "내가 평생토록 여호와께 노래하며 내가 살아 있는 동안 내 하나님을 찬양하리로다"(시 104:33).

나는 교회에서 찬양팀들을 대할 때마다 우리의 모습과 태도에 대한 강조를 한다. 교회를 처음 오시는 분들이 가장 먼저 마주치는 사람이 바로 찬양팀이기 때문이다. 앞에서 찬양을 인도하기 때문에 특히 주목을 받는 자리일 수밖에 없다. 내가 얼굴과 하나님의 영광을 연관해서 글을 쓰게 된 것도 이 부분에 대해서 강조하고 싶기 때문이다. 찬양할 때 찬양팀의 얼굴에서는 하나님 앞에서의 감격이 보여야 한다. 모세가 하나님의 영광을 보고 모세의 얼굴에도 동일한 빛이 빛나게 되었다면 우리 역시 그런 모습을 사모해야 한다.

하나님께 영광을 돌려드리는 존재가 되었다는 것은 우리가 하나님의 영광을 맛본 사람이라는 의미이다. 이미 하나님의 영광이 우리에게 전해졌다. 그렇다면 우리는 실천적인 삶뿐만 아니라 우리의 얼굴에도 근심과 낙담의 표정이 아닌 기쁨과 감사의 미소가 드러나야 한다.

5 | 눈 : 믿음의 눈으로 하나님을 바라보라

3가지의 눈

인간은 육안, 지안, 그리고 영안이라는 3가지의 눈을 가지고 있다고 한다. 육안에 대해서는 굳이 많은 설명이 필요하지 않을 것 같다. 말 그대로 사물을 보고 판단할 수 있도록 정보를 수집하는 장치이다. 잠을 잘 때를 제외하고 우리는 쉬지 않고 무언가를 보고 그것을 근거로 판단하고 행동한다.

예를 들어 비가 많이 오는 날 진흙투성이가 된 도로 위를 지나가고 있는 자동차가 바퀴가 빠져 더 이상 앞으로 가지 못하고 있는 상황을 보았다고 생각해보자. 그렇다면 우리는 '저곳으로는 지나가서는 안 되겠구

나. 다른 길을 찾아보자' 라고 판단하고 다음 행동을 해나갈 것이다.

　때론 육안에 난시나 근시와 같은 질병이 찾아오면 정확한 정보를 얻을 수 없게 될 수도 있다. 나는 개인적으로 난시가 있다. 그래서 밤에 안경을 쓰지 않고 하늘 위에 뜬 반달을 보면, 반쪽짜리 달로 보이지 않고 동그랗게 보인다. 만약 안경이 없었다면 나는 누군가가 반달이라고 믿고 있는 그 달을 둥근 달이라고 믿고 살았을 것이다. 이처럼 육안은 사물을 보는 기능이며, 건강한 눈을 갖고 있어야만 정확한 판단과 행동을 할 수 있는 정보를 얻게 된다.

　지안은 지식이 있는 사람만이 볼 수 있는 눈이다. 지금도 고등학교 시절 수학 시험문제를 떠올리면 악몽 같던 시간들이 떠오른다. 아무리 문제를 보고 또 봐도 답을 알 길이 없어 난감한 적이 한두 번이 아니다. 그런데 내가 풀지 못했던 그 문제를 누군가는 쉽게 맞춰 나보다 성적이 좋은 친구들이 있다는 사실을 알게 된다. 누군가는 도저히 알 수 없는 답을 누군가는 쉽게 찾아가는 것이다.

　육안으로는 똑같이 수학문제를 보고 있지만 그 문제를 글자로 읽을 수 있다고 해서 문제를 풀 수 있는 것은 아니다. 결국 주어진 문제에 대한 답을 찾아가는 길을 알고 있는가 없는가의 차이가 있는 것이다. 답을 찾아가는 길을 볼 수 있도록 하는 눈이 바로 지안이다. 그 길을 모르는 사람에게 그 문제는 막막하게 느껴진다. 하지만 그 길을 볼 수 있는 지안을 가진 사람은 쉽게 답을 찾아간다. 답이 없는 것이 아니다. 지안이 열리지 않아 답을 찾아가는 길을 못 보는 것뿐이다.

영안도 지안과 마찬가지이다. 신앙생활 중에 고난의 문제, 실패의 문제, 두려움의 문제를 만날 때마다 육안으로 보이는 상황과 현상에만 집중할 때가 있다. "왜 나에게 이런 경제의 문제가 찾아왔을까? 왜 나는 저 사람보다 못한 환경에서 태어났을까?" 등 부정적인 문제의식이나 비교의식에 빠져 허우적거리게 된다.

세상의 경험이 많은 사람들은 자신들의 경험, 즉 일반적으로 문제를 해결할 수 있는 길을 찾아 지안을 동원한다. 예전에도 이런 문제가 있었을 때 이렇게 풀었으니까 이번에도 이렇게 하면 될 것이라는 확신을 갖게 된다. 하지만 자신의 경험으로도 헤쳐나오지 못할 때 더욱 큰 실망감에 빠지게 된다. 그리고는 "이렇게까지 해봤는데 안 되다니 절망이야. 더 이상 방법이 없어"라고 포기하게 된다. 육안으로도 지안으로도 답이 보이지 않는 것이다.

이때가 바로 영안을 열어야 할 때이다. 수학문제를 찾아가는 길을 아는 사람이 답을 풀어내듯이 인생의 문제 역시 답을 찾아가는 길을 아는 사람만이 풀 수 있는 것이다. 우리 인생을 가장 잘 아시고 지금도 인도하시는 유일한 분은 바로 하나님이시다. "하나님은 영이시니"라는 진리 안에는 영안으로만 경험할 수 있다는 사실이 포함되어 있다. 영안을 가진 사람과 그 눈이 닫힌 사람과는 엄청난 차이를 가질 수밖에 없다. 이것은 수학문제 100점과 0점의 차이 정도가 아니라 인생 전체가 바뀌게 되는 중요한 차이이다. 인생에서 만날 수 있는 문제들에 답이 없는 것이 아니다. 답을 찾아가는 영안이 닫혀 있을 뿐이다.

인간의 눈 vs. 하나님의 눈

• **인간의 눈**

인간에게 영안이 있다는 사실은 우리가 영적인 존재라는 사실에 근거한다. 계몽주의와 합리주의 그리고 과학만능주의는 육안과 지안에 집중하도록 인간을 개조해왔다. "볼 수 있고 증명할 수 있는 것만 믿으라"는 논리가 그것이다.

그러나 성경에서는 인간의 가진 또 다른 눈인 영안을 강조한다. 우선 창세기 3장에는 인간이 죄로 말미암아 하나님으로부터 멀어지면서 오는 결과를 이렇게 적고 있다.

"뱀이 여자에게 이르되 너희가 결코 죽지 아니하리라 너희가 그것을 먹는 날에는 너희 눈이 밝아져 하나님과 같이 되어 선악을 알 줄 하나님이 아심이니라 여자가 그 나무를 본즉 먹음직도 하고 보암직도 하고 지혜롭게 할 만큼 탐스럽기도 한 나무인지라 여자가 그 열매를 따먹고 자기와 함께 있는 남편에게도 주매 그도 먹은지라 이에 그들의 눈이 밝아져 자기들이 벗은 줄을 알고 무화과나무 잎을 엮어 치마로 삼았더라 그들이 그 날 바람이 불 때 동산에 거니시는 여호와 하나님의 소리를 듣고 아담과 그의 아내가 여호와 하나님의 낯을 피하여 동산 나무 사이에 숨은지라"(창 3:4-8).

여기서 눈이 "밝아졌다"는 의미는 육신의 눈이 '열렸다' 는 의미이다. 이 단어는 육안이 닫혔던 소경이 눈을 뜰 때 주로 사용되었다. 결국 육안이 열려짐으로써 육신이 좋아할 만한 것들에 욕심을 내게 되고 결국 하나님을 피하게 되는 결과를 가져온다. 영이신 하나님을 피한다는 것은 영적인 눈이 가리워져 하나님께 가까이 갈 수 없게 되었음을 의미하는 것이다. 결국 영적인 존재임에도 불구하고 인간의 눈을 대표하는 것이 육안이 되어버렸다.

이렇게 영안이 가려지고 육안이 열리면서 하나님이 옳다고 여기는 것에는 관심이 없고 오로지 자신들이 옳다고 생각하는 일들을 하게 된다. 그래서 성경에서 "눈에 보기에 좋은 대로"라는 표현들은 일반적으로 인간의 죄악된 행동을 상징한다.

예배와 찬양에서도 이런 현상이 똑같이 나타나고 있는 것 같다. 교회라는 공간에서 과연 예배에 참여하는 사람이 보고 있는 것은 무엇일까? 세상을 살아가듯 육안을 연채로 앞에 있는 강대상을 바라보고, 찬양팀을 바라보고, 연주자를 바라보고, 성경을 바라보고, 광고를 바라보고, 설교자를 바라보고만 있는 것은 아닌지 모르겠다. 설교자를 판단하고 예배를 저울질하고 연주와 노래를 낱낱이 해부한다. 이것이야말로 "소견에 옳은 대로" 행한 잘못된 예배자의 모습이다.

• **하나님의 눈**

하나님의 눈은 우리의 육안으로 바라보는 것과는 완전히 다른 곳을 보시는 경우가 많다. 우리는 '지금 당장' 보이는 데 관심을 갖고 집중한다. 우리의 눈은 보이는 사물과 사실에 의존한다. 그러나 하나님은 눈은 '멀리' 보신다. 그리고 '보이지 않는' 것까지도 알고 계신다. 다시 말해서 하나님의 눈은 시간을 초월해서 미래를 보실 수 있는 것이다.

"여호와께서 이같이 이르시되 은혜의 때에 내가 네게 응답하였고 구원의 날에 내가 너를 도왔도다 내가 장차 너를 보호하여 너를 백성의 언약으로 삼으며 나라를 일으켜 그들에게 그 황무하였던 땅을 기업으로 상속하게 하리라"(사 49:8).

당장에 바벨론에 포로로 끌려가는 이스라엘 입장에서는 모든 것이 끝난 것처럼 무너져 내렸을 것이다. 눈에 보이는 것은 폐허이고 나라의 분열이었다. 이런 소망이 끊어진 것 같을 때 하나님은 '장차' 하실 일들을 보이신다. 다시금 하나님의 백성으로 삼고 이 나라를 일으켜서 황무해 보이는 이 땅을 상속할 만한 땅으로 회복시키시겠다는 약속을 하신다. 약속은 앞으로 일어날 일을 기대하는 것이다. 하나님은 약속을 지키시는 신실하신 하나님이시다. 이것을 믿어야 한다.

하나님은 눈은 시간뿐 아니라 제한된 공간도 뛰어넘으신다. "여호와의 눈은 온 땅을 두루 감찰하사 전심으로 자기에게 향하는 자들을 위하여 능력을 베푸시나니"(대하 16:9).

"여호와의 눈은 어디서든지 악인과 선인을 감찰하시느니라"(잠 15:3). 우리 인간의 눈은 고작해야 시야가 확보된 만큼만 볼 수 있다. 내 뒤에서 내 옆에서 어떤 일이 벌어지고 있는지 알 수 있는 방법이 없다. 그러나 하나님의 시야는 "온 땅"을 돌아볼 수 있을 만큼 넓으시다. 그렇기 때문에 우리가 어려움에 봉착하여 웅크리고 어딘가에 숨어 울고 있을 때에도 하나님의 눈은 그곳을 바라볼 수 있으시다. "여호와께서 그를 황무지에서, 짐승이 부르짖는 광야에서 만나시고 호위하시며 보호하시며 자기의 눈동자같이 지키셨도다"(신 32:10).

더 나아가 하나님의 눈은 인간이 볼 수 없는 내면을 보신다. 우리는 상대방의 마음을 읽지 못할 때가 많다. 그래서 상처를 주고 상처를 받는다. 우리는 자신의 내면을 바라보지 못할 때가 많다. 그래서 "터진 웅덩이"(렘 2:13)와 같이 되어 채울 수 없는 갈급함으로 공허한 삶을 살아갈 때가 많다. 그러나 하나님은 정확히 사람의 중심을 바라보실 수 있으시다. "여호와께서 사무엘에게 이르시되 그의 용모와 키를 보지 말라 내가 이미 그를 버렸노라 내가 보는 것은 사람과 같지 아니하니 사람은 외모를 보거니와 나 여호와는 중심을 보느니라 하시더라"(삼상 16:7). 우리는 중심을 보는 눈을 가져야 한다. 중심을 본다는 것은 마음을 본다는 것이다. 상대방이 무엇 때문에 그런 생각과 행동을 하는지에 대한 동기를 살펴야 한다.

• **성령님의 도움**

우리가 전능하신 하나님의 눈과 같아지는 것은 불가능하다. 하지만 우리가 하나님으로부터 창조된 영적인 존재라면 영적인 눈을 가질 수 있다는 것은 분명하다. 영적인 눈은 하나님의 뜻을 분별하게 하는 눈이다. 성령님을 의지해야 하는 이유가 여기에 있다. "기록된 바 하나님이 자기를 사랑하는 자들을 위하여 예비하신 모든 것은 눈으로 보지 못하고 귀로 듣지 못하고 사람의 마음으로 생각하지도 못하였다 함과 같으니라 오직 하나님이 성령으로 이것을 우리에게 보이셨으니 성령은 모든 것 곧 하나님의 깊은 것까지도 통달하시느니라 사람의 일을 사람의 속에 있는 영 외에 누가 알리요 이와 같이 하나님의 일도 하나님의 영 외에는 아무도 알지 못하느니라"(고전 2:9-11).

성령님은 육체의 눈으로는 볼 수 없는 하나님의 뜻을 보이신다. 그리고 이 뜻을 보는 사람만이 순종하는 데까지 나아갈 수 있다. "어리석고 지각이 없으며 눈이 있어도 보지 못하며 귀가 있어도 듣지 못하는 백성이여 이를 들을지어다"(렘 5:21)나 "네가 말하기를 나는 부자라 부요하여 부족한 것이 없다 하나 네 곤고한 것과 가련한 것과 가난한 것과 눈 먼 것과 벌거벗은 것을 알지 못하는도다"(계 3:17)의 말씀은 하나님의 마음을 헤아릴 수 있는 눈을 갖지 못했다는 것이다. 결국 이러한 눈을 갖지 못함은 불순종으로 이어지게 된다.

하나님께서는 영적인 눈을 밝게 열어서 하나님의 선하신 뜻을 인정하고 순종하며 살아가기 원하신다. 이런 눈을 밝게 하기 위해서는 하나님의 말씀 앞에 늘 서야 한다. 말씀을 볼 때마다 우리를 조명해주시는 성령님의 도움심으로 영적인 눈이 밝아짐을 경험할 수 있게 될 것이다. "여호와의 교훈은 정직하여 마음을 기쁘게 하고 여호와의 계명은 순결하여 눈을 밝게 하시도다"(시 19:8).

믿음의 눈을 떠라

내가 즐겨 부르는 찬양 중에 "주님을 크게 보는 믿음 가지고"라는 가사가 나온다. 나는 이 가사를 좋아한다. 예배에 나와서 찬양할 때 하나님 앞에서 하나님을 바라보는 집중력이 필요하다. 그 순간 세상에서 줄곧 사용했던 육안을 잠시 닫고 영의 눈을 뜰 필요가 있다. "하나님은 영이시니 영과 진리로 예배"해야 하는 것이다.

육안을 열고 있으면 자꾸 세상 근심과 걱정으로 어두움이 나를 지배한다. 우리의 상황을 다 알고 안아주시는 좋으신 하나님이 예배하는 그곳에 있음에도 불구하고 우리는 어두움에 파묻힌다. 거짓의 아비인 사단은 그 어두움이 걷히지 않고 영원히 함께할 것처럼 우릴 속인다. 우리가 원하든 원치 않든 우리는 이러한 영적 전쟁 속에 이미 노출이 되어 있다.

"그 눈을 뜨게 하여 어두움에서 빛으로, 사단의 권세에서 하나님께로 돌아가게 하고 죄 사함과 나를 믿어 거룩케 된 무리 가운데서 기업을 얻게 하리라 하더이다"(행 26:18). 사도 바울은 예수님을 만나고 그 눈에 비늘이 벗겨지면서 어둠에서 빛으로 사단에서 하나님으로 돌이킨다. 빛을 보려면 하나님의 구원을 바란다면 우리도 마찬가지로 영적인 눈으로 전환해야만 한다.

영의 눈이 열리면 믿음이 생긴다. 세상은 보이는 것만 믿으라고 한다. 하지만 성경은 반대로 역설한다. 우리가 잘 아는 히브리서 11장을 다시 살펴보자. "믿음은 바라는 것들의 실상이요 보이지 않는 것들의 증거니…… 믿음으로 모든 세계가 하나님의 말씀으로 지어진 줄을 우리가 아나니 보이는 것은 나타난 것으로 말미암아 된 것이 아니니라"(히 11:1, 3).

우리가 믿음에 대해서 오해하는 것 중 하나는 믿음의 결과가 미래적으로 올 것이라는 생각이다. 그렇지만 믿음은 현재적이다. "이 세상이 하나님의 말씀으로 창조된 것을 믿으면 언젠가는 그 사실을 알게 될 것이다"라는 게 아니다. 믿는 것이 곧 아는 것이다. 믿으면 이 세상이 하나님의 말씀으로 창조된 것을 깨닫는다. 보이지 않는 하나님의 말씀이 보이는 이 세상을 창조했다는 것을 알게 되는 것이다.

히브리서 11장의 믿음의 선배들은 믿음의 현재성을 잘 보여준다. 아브라함은 보이지 않는 하나님의 말씀을 믿었기 때문에 떠난다. 막연히 잘 될 거라는 생각이 아니었다. 그에게는 이미 약속의 땅과 자손과 축복이 있었기 때문에 행동하는 것이다. 노아는 홍수가 일어날 것을 믿었다. 그에게는 이미 비가 오는 것이 기정사실이다. 언제가 올 홍수를 대비하는 것이 아니라 반드시 올 홍수를 대비했던 것이다. 그렇기 때문에 방주를 만들었다.

보이지 않는 영이신 하나님 앞에서 우리가 가져야 할 자세가 바로 이 믿음이다. 찬양을 할 때도 노래 한 곡 하듯 흥얼거리면서 막연히 이루어질 일을 상상하는 것이 되어서는 안 된다. 찬양에 강력한 믿음을 담아 그 믿음이 현재적 변화를 이끌어낸다는 확신을 가져야 한다. 앞서 언급한 것처럼 시간의 제한을 뛰어넘고 공간의 한계를 뛰어넘으시며, 우리가 볼 수 없는 것까지 보시는 하나님을 안다면 우리는 그분을 믿어야 한다.

"너희 마음의 눈을 밝히사 그의 부르심의 소망이 무엇이며 성도 안에서 그 기업의 영광의 풍성함이 무엇이며 그의 힘의 위력으로 역사하심을 따라 믿는 우리에게 베푸신 능력의 지극히 크심이 어떠한 것을 너희로 알게 하시기를 구하노라"(엡 1:18-19).

사도바울이 에베소 교회에게 한 권면처럼 "마음의 눈"을 뜨고 "믿는 우리"가 되어야 한다. "부르심의 소망", "기업의 영광의 풍성" 그리고 "능력의 지극히 크심"을 당신은 알고 있는가? 그저 추상적이고 미래의 이야기로만 들리지 않는가? 바로 지금 구원받은 하나님의 자녀에게 주신 이 축복을 믿음으로 취하여 나의 것으로 만들기 바란다. 성경 안에는 수많은 약속의 말씀들이 있다. 믿음이 없어 이미 주어진 약속을 옷장 한 구석에 박아두지 말고 믿음의 눈을 떠서 취해야 한다. 우리가 찬양하는 곳마다 믿음으로 약속의 말씀을 받아 누리게 될 것이다.

6 | 입 : 하나님 되심을 선포하라

입의 참된 기능

　찬양팀을 처음 시작한 이후로 가장 부담이 되었던 성경구절을 꼽으라면 야고보서 3장 말씀이다. 분명히 샘(입)은 하나인데 그 안의 물이 어떻게 달기도 하고 쓰기도 할 수 있겠냐는 질문이 항상 나를 괴롭혀 왔다.
　"혀는 능히 길들일 사람이 없나니 쉬지 아니하는 악이요 죽이는 독이 가득한 것이라 이것으로 우리가 주 아버지를 찬송하고 또 이것으로 하나님의 형상대로 지음을 받은 사람을 저주하나니 한 입에서 찬송과 저주가 나오는도다 내 형제들아 이것이 마땅하지 아니하니라 샘이 한 구멍으로 어찌 단 물과 쓴 물을 내겠느냐"(약 3:8-11).

분명히 찬양하고 예배할 때는 하나님의 사랑에 감동하며 헌신을 다짐하는데 정작 삶의 순간순간에는 내 입술에 거짓이 난무하고 미움과 다툼의 언어들로 가득한 모습을 발견하고 낙망하곤 했다.

사실 입은 말하는 소리를 전달하는 기능적 역할밖에는 없는 통로이다. 실제적인 말의 근원지는 마음이다. "독사의 자식들아 너희는 악하니 어떻게 선한 말을 할 수 있느냐 이는 마음에 가득한 것을 입으로 말함이라"(마 12:34)는 진리의 말씀이다. 마음이 어떠한가에 따라서 입에서 나오는 내용이 결정된다. 하지만 입이라는 통로를 결코 소홀히 여겨서는 안 된다.

성경은 입을 조심해야 한다는 경고를 많이 한다. 어떤 말을 어떻게 하는지에 따라서 그 사람이 어떤 사람인지가 결정되기 때문이다. 가끔 모르는 사람과 전화 통화를 할 때가 있다. 처음으로 하는 통화이지만 상대방의 목소리나 어투 그리고 그 사람이 구사하는 단어들을 통해서 그 사람이 어떤 사람인지를 어느 정도는 파악할 수 있다.

특별히 크리스천들이 세상에서 조심해야 할 것이 바로 입이다. 실수하기도 쉽고 오해를 불러일으키기도 쉽다.

"죽고 사는 것이 혀의 힘에 달렸나니 혀를 쓰기 좋아하는 자는 혀의 열매를 먹으리라"(잠 18:21).

"입과 혀를 지키는 자는 자기의 영혼을 환난에서 보전하느니라"(잠 21:23).

하지만 우리가 입을 조심해야 하는 더 큰 이유는 우리가 말하는 모든 내용을 하나님께서 들으시기 때문이다. "그들에게 이르기를 여호와의 말씀에 내 삶을 두고 맹세하노라 너희 말이 내 귀에 들린 대로 내가 너희에게 행하리니"(민 14:28). 이스라엘 백성은 가나안 입성을 앞두고 믿음의 행동을 하지 못하고 하나님을 원망하기 시작한다. 하나님은 그 원망의 소리를 들으셨다. 그리고 결국 원망한 사람들은 가나안 땅을 밟지 못하고 광야에서 인생을 마감하게 된다.

우리의 입술의 말을 성령님께 의탁하는 것이 중요하다. 성령님께서 우리 안에서 생수의 강으로 거하시면서 하나님을 향한 믿음을 표현하도록 권면하신다. 어떻게 말해야 할지에 대한 구체적인 내용을 알려주시기도 하신다.

애굽으로부터 이스라엘 백성을 구출해야 할 모세를 향해 하나님은 이렇게 말씀하신다. "이제 가라 내가 네 입과 함께 있어서 할 말을 가르치리라"(출 4:12). 예수님은 복음을 전하다가 고난을 받을 제자들을 향해 이렇게 말씀하신다. "너희를 넘겨 줄 때에 어떻게 또는 무엇을 말할까 염려하지 말라 그 때에 너희에게 할 말을 주시리니 말하는 이는 너희가 아니라 너희 속에서 말씀하시는 이 곧 너희 아버지의 성령이시니라"(마 10:19-20).

하나님은 우리의 입이라는 통로를 사용하신다. 언어체계, 즉 말과 글을 통해서 우리와 소통하신다는 것을 잊지 말아야 한다. 우리가 하나님을 향한 믿음이 있노라 해도 그것이 선포되지 않으면 그것은 믿음이 아니다. 누군가가 마음으로 사랑을 품을지라도 그것이 상대방에게 표현되지 않으면 그 사랑은 전달되기 어렵다.

이런 맥락에서 로마서의 말씀은 우리에게 중요한 메시지가 된다. "사람이 마음으로 믿어 의에 이르고 입으로 시인하여 구원에 이르느니라"(롬 10:10). 분명히 믿음이 존재하는 영역은 마음이다. 그러나 그것이 공적으로 선포되고 시인되어지는 과정을 통해 구원은 이루어진다. 그러므로 입은 선포하고 시인하는 중요한 기능을 하는 것이다.

누가복음에서도 이 사실을 지지하고 있다. "내가 또한 너희에게 말하노니 누구든지 사람 앞에서 나를 시인하면 인자도 하나님의 사자들 앞에서 저를 시인할 것이요 사람 앞에서 나를 부인하는 자는 하나님의 사자들 앞에서 부인함을 받으리라"(눅 12:8-9).

예배와 찬양의 의미

찬양한다는 게 찬송가나 복음성가 등을 노래한다는 의미로 굳어지고 있다. 굉장히 안타까운 사실이다. 이런 현실이다보니 입의 기능이 굉장히 부각되고 있다. 입을 통해서 노래가 나온다는 것을 생각한다면 입의 기능이 중요하게 여겨지고 있는 것은 이상한 일이 아니다. 찬양을 잘 하기 위해서는 노래를 잘 하는 것이 전제되는 것처럼 보인다. 그렇다면 정말 찬양이라는 것이 입의 기능에 좌우되는 그런 것일까?

　이 책의 마지막을 향해 달려가고 있지만 짧게나마 '예배'와 '찬양'의 개념을 다시 한 번 명확하게 짚고 넘어갔으면 한다.

　예배라는 말은 하나님께만 쓰이는 말은 아니다. 내 인생의 최고의 가치가 하나님이라면 "나는 하나님을 예배한다"라고 선포할 수 있다. 하지만 하나님보다 더 귀하게 여기는 그 무언가가 있다면 하나님을 예배한다고 말할 수 없다. 우리는 이렇게 말할 수 있다. "난 우리 가정이 소중해, 난 돈도 필요해, 난 성공하는 것이 중요하다고 생각해." 그러나 가정과 돈과 성공이 하나님보다 우선순위에서 높아져 있다면 이것은 다음과 같이 말하고 있는 것과 같다. "난 우리 가족을 예배해, 난 돈도 예배해, 나는 성공하는 것도 예배해"라고 말이다.

　예수님께서 돈과 하나님을 겸하여 섬길 수 없다고 말씀하신 것도 같은 맥락이다. 예배는 굉장히 배타적인 개념이다. 예배의 대상이 앉을 수 있는 자리는 오직 한 자리이다. 그러므로 예배란 '최고의 가치에게 최고라고 인정함'으로 정의할 수 있다. 하나님만이 우리 인생의 최고의 가치가 되신다는 것을 인정하는 것이다.

　이러한 예배의 개념에서 찬양의 의미도 찾아낼 수 있다. 찬양은 예배의 대상을 향하여 '그분의 성품을 자랑하고 하신 일들을 선포하여 널리 알리는 것'이다. 그렇기 때문에 찬양은 꼭 노래일 필요는 없다. 간증도 될 수 있고, 외침도 될 수 있고, 춤이나 박수 그리고 악기를 연주하는 것도 모두 찬양이 될 수 있다. 중요한 것은 예배의 대상을 향하여 올려드리면 되는 것이다. 악기를 이용하는 것을 제외한다면 찬양은 입의 기능과 밀접한 관계를 맺고 있다. 인정하고, 자랑하고, 선포하고 그리고 알리는 것들이 입으로 가능한 일이기 때문이다.

우리의 입은 항상 두 가지의 갈등에 서 있다. 한 가지는 아첨하고 자랑하는 거짓된 하나님이 싫어하시는 입이다. "여호와께서 모든 아첨하는 입술과 자랑하는 혀를 끊으시리니"(시 12:3). 또 하나는 회개하고 하나님을 노래하고 찬송하여 전파하는 입이다. "하나님이여 나의 구원의 하나님이여 피 흘린 죄에서 나를 건지소서 내 혀가 주의 의를 높이 노래하리이다 주여 내 입술을 열어 주소서 내 입이 주를 찬송하여 전파하리이다"(시 51:14-15).

입의 참된 기능을 회복할 때 우리 입에서 끊이지 않는 것이 바로 찬양이다.

신령한 찬양

하나님은 영이시기에 영적인 예배를 드려야 한다. 다윗의 찬양대를 통해서 찬양에 대해 좀 더 살펴보려고 한다. "다윗이 군대 지휘관들과 더불어 아삽과 헤만과 여두둔의 자손 중에서 구별하여 섬기게 하되 수금과 비파와 제금을 잡아 신령한 노래를 하게 하였으니 그 직무대로 일하는 자의 수효는 이러하니라…… 이들이 다 그들의 아버지의 지휘 아래 제금과 비파와 수금을 잡아 여호와의 전에서 노래하여 하나님의 전을 섬겼으며 아삽과 여두둔과 헤만은 왕의 지휘 아래 있었으니"(대상 25:1, 6).

여기서 주목해야 할 단어가 "신령한 노래"라는 것이다. 단순하게 생각하면 거룩하신 하나님을 찬양함에 있어서 '구별된' 사람들이 구별된 노래를 올려드린다는 의미가 될 것이다. 일반적인 노래와 구별하기 위한 표현일 수 있다.

또 다른 해석도 가능하다. 개역개정 성경에는 이 부분에 '예언적 찬양'이라는 각주를 달았다. 다른 번역 성경에서도 대부분 여기에 동의한다. 구약시대에는 선지자들이 예언을 할 때 음악의 도움을 많이 받았다. 이런 면에서 예언을 위한 찬양이라는 의미도 될 수 있겠지만 본문에서는 각도를 달리 봐야 한다. 예언은 하나님의 음성을 대언하는 것이다. 그렇기 때문에 때론 미래를 예측하는 요소도 분명히 있다. 하지만 '하나님이 어떤 분'이라는 하나님의 속성을 근거로 '하나님에 대한' 선포가 강하다. 한 마디로 말하면 성가대는 하나님의 음성을 대언하여 하나님의 뜻(God's Message)을 선포했던 것이다. 노래나 음악의 완성도보다는 그 노래나 음악 안에 담긴 하나님의 말씀이 중요했다. 그렇기 때문에 하나님의 임재가 있는 여호와의 전에서 이 사역을 감당했던 것이다.

이 장면들을 연상해보라. 도대체 하나님의 성전에서 하나님께 신령한 노래를 드릴 때 무슨 내용의 노래였을까? 당연히 하나님의 성품과 행하신 일에 대한 감사가 넘쳐났을 것이다.

나는 찬양하는 우리의 입술에 하나님의 말씀이 가득하길 소망한다. 특별히 찬양팀이나 성가대와 같이 대표적으로 회중 찬양을 이끌어가는 사람들에게는 더욱 그러하다.

"그들과 모든 형제 곧 여호와 찬송하기를 배워 익숙한 자의 수효가 이백팔십팔 명이라"(대상 25:7). 이들은 여호와를 찬송하기 위해서 무엇을 배웠을까? 신령한 노래가 되기 위해서 무슨 훈련이 필요했을까? 기능적인 측면에서는 노래하는 법이나 연주하는 법을 배웠을 것이다. 하지만 그것은 노래의 내용을 담기 위한 틀을 만드는 데 지나지 않는다.

그들은 하나님의 말씀을 배웠을 것이 틀림없다. 혹은 하나님의 음성을 들을 수 있도록 훈련받았을 것이다. 신령한 찬양은 중심을 보시는 하나님이 들으시는 찬양이다. 창조주 앞에서의 찬양이다. 그분을 모르고는 절대 불가능한 일이다.

요즘 오디션 프로그램을 종종 볼 때가 있다. 심사위원들이 앉아 있고 그 앞에서 지원자가 노래를 부른다. 특히나 심사위원이 작곡한 노래나 불렀던 노래를 부를 때 그 심사는 더욱 엄격해진다. 그 노래를 잘 알고 있기 때문이다. 심사평을 들어보면, 종종 노래는 참 잘하는데 감동이 없다거나 울림이 없다는 이야기를 한다. 또 어떤 때는 노래는 아주 뛰어나지 않지만 그 노래를 듣는 순간 부르는 사람의 마음이 전달된다고 한다.

우리는 우리를 만드신 하나님을 찬양하는 사람들이다. 하나님 앞에서 하나님을 찬양할 때 하나님을 아는 지식과 진심이 없다면 과연 그 찬양을 하나님은 어떻게 평가하실까?

영적 존재로의 회복

나는 마지막으로 신령한 찬양을 위해서는 '영적 존재'로 회복이 필요하다는 말을 하고 싶다. 우리는 태생이 '하나님의 입김'으로 생령이 된 존재이다. 하나님의 영을 받은 영적 존재라는 것이다. 영이신 하나님은 '영적'이 아니고서는 기쁘시게 할 수도 감동시킬 수도 없다.

"너희는 유혹의 욕심을 따라 썩어져 가는 구습을 따르는 옛 사람을 벗어 버리고 오직 너희의 심령이 새롭게 되어 하나님을 따라 의와 진리의 거룩함으로 지으심을 받은 새 사람을 입으라"(엡 4:22-24).

이 본문에서 23절을 영어성경은 "Instead, let the Spirit renew your thoughts and attitudes"(NLT)으로 의역하고 있는데, 이것을 풀어보면 우리의 심령이 새롭게 된다는 것은 우리의 힘이 아니라 성령님께서 우리를 새롭게 만들어가신다는 말이다. 성령님께서 우리의 생각과 태도를 바꿔가시도록 힘을 빼고 그 통제를 받으라는 것이다.

이것은 에베소서 5장으로 그대로 연결이 된다. "술 취하지 말라 이는 방탕한 것이니 오직 성령으로 충만함을 받으라 시와 찬송과 신령한 노래들로 서로 화답하며 너희의 마음으로 주께 노래하며 찬송하며 범사에 우리 주 예수 그리스도의 이름으로 항상 아버지 하나님께 감사하며 그리스도를 경외함으로 피차 복종하라."

아마도 다윗의 찬양대가 훈련받은 내용이 이와 같지 않을까 생각해본다. 술취함과 방탕함은 육적 존재로 살아가는 대표적인 모습이다. 우리의 육체의 정욕만을 위해서 살아갈 때는 성령의 음성과 통제를 따르지 않고 불순종한다. 그러므로 사도바울은 성령으로 충만할 것을 말한다. 성령충만하면 가장 먼저 바뀌는 것이 우리의 언어이다. 성령충만은 곧 우리 입의 변화와 직결되는 것이다.

사도행전 2장에서 방언으로 입술이 성령님께 사로잡히게 되고 두려움에 쌓였던 베드로가 공적인 자리에서 복음을 선포하는 입술로 변화된다. 에베소서 5장처럼 "신령한 노래로 화답하고", "주께 노래하고 찬송하고", "항상 감사하고" 그리고 이것은 더 나아가 삶의 변화인 복종으로까지 확대되는 것이다. 결국 우리의 입은 노래 잘하고 음정과 박자를 잘 맞추는 기능이 아니라 하나님의 말씀을 대언하는 거룩한 도구이며 성령충만함을 증거하는 도구이다.

● 나가면서

찬양은 분명한 지향점이 있다

　간혹 미술관에 갈 때가 있다. 미술관에 가는 길엔 유명한 화가의 작품을 본다는 설렘이 있다. 그러나 막상 작품을 앞에 서게 되면, 오면서 가졌던 설렘은 부담감으로 바뀐다. 유명한 작가라는 말만 들었지 그 사람의 작품에 대한 정보나 이해는 거의 없기 때문이다. '저 그림은 왜 그렸지? 뭘 이야기하고 싶은 거지? 저 그림을 그릴 때 시대적 상황은 뭐지?' 같은 수많은 질문이 압박해온다. 그렇다고 답을 찾을 수 있는 것도 아니다.
　물론 어떤 사람은 이런 압박감을 이해하지 못할 수도 있다. 이런 저런 생각하지 말고 보이는 대로 느껴지는 대로 받아들이라고 내게 충고할 수도 있다. 맞는 말이다. 작가의 의도를 잘 알지 못했다고 해서 내게 손가락질 하는 사람은 아무도 없다. 오히려 그림에 대해서 자기 자신만이 가지고 있는 생각은 독특하고 독창적이라는 평가를 받을 수도 있다. 똑같은 그림을 보고도 사람마다 다양한 생각이나 느낌을 가질 수 있기 때문이다.

음악도 마찬가지이다. 음악을 듣는 사람에게 이 음악은 꼭 이런 식으로 들어야 한다고 강요하는 사람은 없다. 음악을 듣고 감동을 느끼고 흥겨울 수 있다면 그것으로 음악 감상은 성공적이다. 이렇듯 미술이나 음악이라는 예술 분야에서는 자유롭게 생각하고 느낌대로 받아들이는 것에 대해 전혀 문제 삼지 않는다.

그러나 찬양은 다르다. 찬양은 미술이나 음악과 같은 예술의 한 장르가 아니다. 물론 찬양을 음악이나 노래로 생각하는 사람이 있을 수도 있다. 그래서 각자의 생각과 느낌대로 찬양해도 될 것처럼 생각한다. 하지만 찬양은 모두가 똑같이 생각해야 하는 분명한 목적이 있다. 찬양은 하나님의 성품과 능력 그리고 일하심에 대한 선포이다. 찬양을 하는 사람마다 똑같은 하나님을 바라봐야 한다.

나의 하나님과 너의 하나님이 다를 수 없다. 특히 이 시대에는 더욱 방향성을 하나님께 향하고 찬양해야 한다. 왜냐하면 이 시대는 남의 생각을 존중해주어야 하며, 평등과 용납이 주제가 되고 있기 때문이다. 물론 이러한 시대적 상황을 거스를 수만은 없다. 하지만 분명한 하나님의 진리인 성경 속에 담겨진 하나님에 대한 성품과 속성을 놓치고 허튼 소리를 내고 있다면 그것은 용납하고 존중해주어서는 안 되는 것이다.

여행을 떠난 사람들은 "아는 만큼 보인다"라는 말을 종종 한다. 내가 가야 할 장소에 대해서 전혀 모르고 가는 사람들은 그저 경치 구경하고 맛있는 음식 먹고 수다 떨다 오는 것이 전부이다. 하지만 그 장소에 대한 역사적 배경과 지명의 이름 그리고 곳곳에 놓여 있는 유물들에 대한 정보를 알고 간다면 훨씬 더 많은 것들을 현장에서 목격하고 오게 될 것이다.

나는 우리의 찬양이 하나님이라는 분명한 지향점을 가지고 있다는 것과 더불어 그 하나님이 어떤 분임을 정확히 알 때야 비로소 찬양이 찬양다워짐을 말하고 싶다. "하나님을 아는 만큼 하나님을 찬양할 수 있습니다"라고 말이다.

태생적인 딜레마

지금도 수많은 찬양 악보들이 쏟아져 나오고 있다. 찬양 인도자로서, 예배 때마다 무슨 찬양을 선곡해야 할지 갈등될 정도로 너무 많다. TV나 인터넷 등 방송매체만 틀면 어디서나 예배를 볼 수 있는 예배의 홍수 시대에 살고 있다. 찬양도 예외는 아니다. 모든 예배마다 찬양이 그 중심에 자리잡고 있다.

찬양이 홍수처럼 쏟아져 나오자 이에 따른 비판의 소리도 함께 나오고 있다. 요즘 불리는 찬양은 록 음악 스타일이기 때문에 영적으로 좋지 않은 영향력을 미친다고 한다. 어른들이 따라 부르기는 어려운 찬양들이 많다는 이야기도 한다. 하지만 교회 현실을 볼 때 현대 음악 장르를 탈피해 노래를 한다거나 중세 시대처럼 시편 찬양과 같이 단순화된 찬양만을 고집하는 어른들이 현대의 찬양을 비판하기는 쉽지만 대안을 제시하는 것은 쉽지 않은 숙제이다.

나는 이 책을 통해서, 현대 찬양의 많은 문제점 속에서 유일한 대안은 하나님에 대한 바른 인식이라는 것을 주장하려고 했다. '말씀으로만 깊어지는 찬양'이라는 생각은 찬양에 대한 나의 철학이다.

모든 찬양의 가사들이 말씀 중심이며, 성경적임에도 불구하고, 말씀의 깊이를 이해하려는 노력보다는 찬양을 노래로 보고 있다. 찬양을 잘 한다는 것이 마치 노래를 많이 알고 있는 것과 비례하는 것으로 생각한다. 찬양을 잘 한다는 것이 노래를 잘한다는 것이면 노래 연습을 열심히 하면 된다. 하지만 찬양을 잘 한다는 것은 하나님을 잘 안다는 것이다. 찬양을 잘 한다는 것이 하나님을 잘 안다는 것이라면 우리는 말씀을 통해 하나님을 아는 훈련을 철저히 해야 한다.

나는 찬양훈련의 핵심에 말씀훈련을 두어야 한다고 생각한다. 이것이 바로 온전한 찬양으로 나아가는 대안이다. 찬양을 노래로 부르면서 얼마나 깊이 있게 가사 속에 나타난 하나님을 인식하는가에 집중해야 한다.

나는 이 책에서 우리가 자주 즐겨 부르는 찬양에 나타난 가사들을 간략하게나마 살펴보며 함께 나누었다. 또한 우리의 마음을 드리며 우리 온 몸을 찬양의 도구로 드리는 찬양을 제시해보았다. 이 책은 조직신학 등의 신학서적이 아니다. 단지 찬양을 부르는 동안의 짧은 시간에 어떤 마음으로 어떤 이해를 가지고 하나님 앞에 나아가야 할까에 대해 함께 고민했으면 좋겠다는 바람으로 정리한 것뿐이다.

우리는 태생적으로 하나님에 대한 완벽한 인식이 불가능한 존재이다. A. W. 토저는 다음과 같은 말로 우리의 심경을 대변한다. "하나님을 알아가면 갈수록 우리는 침묵할 수밖에 없다. 그러나 그분이 우릴 향한 사랑을 알 때 그 감격으로 인해 찬양하지 않을 수 없다." 이것이 우리의 딜레마이다.

하나님은 분명하게 말씀을 통해 우리와 소통하시지만 우리가 분명하게 볼 수 없는 창조주이시다. 이런 태생적 딜레마에도 불구하고 하나님이 주신 성경을 깊이 묵상함으로 하나님을 인식하는 일에 부지런해야 한다. 하나님을 아는 지식만큼 우리의 찬양의 깊이가 깊어질 수 있다. 이제는 음악과 노래에서 탈피하여 가사와 말씀으로 우리의 관심을 돌려야 할 때이다.

인도에 선교를 다녀온 후배를 만나 찬양에 대해 이야기를 나눈 적이 있다. 지금 출석하고 있는 교회의 찬양 인도자에 대한 불만에 대해서도 언급을 했다. 어느 교회를 가면 찬양 인도자의 노래와 그 연주팀의 음악에서 하나님의 임재를 느낄 수 있는데, 자기 교회는 그렇지 못하다는 이야기였다. 물론 찬양을 인도하는 리더의 역할은 중요하다. 하지만 찬양 인도자에 의해서 하나님의 임재하심이 좌지우지된다고는 생각하지 않는다. 그리고 한 사람의 역량에 따라 은혜가 좌지우지되는 것은 위험성이 있다. 이런 평가들이 일반화되면 성도들은 찬양 인도가 깔끔하고 소위 하나님의 임재가 강력한 모임을 찾아다니기도 한다.

나는 그 이야기를 한 동생에게 내 생각을 나누었다. 찬양 인도자의 역량에 따라 하나님을 찬양하는 모습이 달라진다면 그것은 올바른 찬양이 아니라고 말했다. 찬양은 하나님에 대한 개인의 고백과 감사이며 때론 공동체적인 선포로 나타날 수 있다. 한 사람이 모든 회중을 대표하는 것이 아니라는 말이다. 찬양 인도자가 필요하다면 그것은 질서에 의해 요청되는 것일 뿐이다.

내가 말하고 있는 성경적 찬양에 대한 추구는 현실적으로 불가능한 이상적인 꿈일지도 모른다. 하지만 나는 이것이 하나님이 나에게 주신 사명이고 비전이라고 생각한다. 사람들에게 잘 알려진 유명한 사역자가 되길 원하는 게 아니다. 노래를 제일 잘하는 찬양 인도자가 되고 싶은 것도 아니다. 나는 예배하는 모든 회중이 하나님을 하나님답게 여기고 그분 앞에 모든 것을 드리는 온전한 찬양을 하는 꿈을 꾼다.

단순해 보이는 꿈이라고 생각할지도 모르겠다. 또 어떤 사람들은 이미 이런 찬양이 드려지고 있는 예배가 많이 있다고 말할지도 모르겠다. 하지만 적어도 내 경험상 많은 예배가 그렇지 못하다.

나에게 찬양은 하나님을 향해 드릴 수 있는 모든 것이다. 모든 것이라는 것은 전부라는 뜻이다. 그렇기 때문에 나의 찬양은 늘 부족하다. 하나님을 다 이해할 수도 없고, 또한 내 전부를 드리지 못하는 나의 이기심도 너무 크기 때문이다.

나의 몸이 주의 흔적이 되도록

사도바울의 고백으로 이 책을 마감하고자 한다. 찬양은 자랑이고 선포라는 것을 계속해서 강조했다. 사도바울은 그리스도의 십자가만을 찬양했다. 그러면서 내 몸에 예수의 흔적을 가졌다는 것을 자랑스럽게 밝히고 있다. 나는 이 고백을 보면서 우리 인생에서 하나님을 예배하며 예수 그리스도께서 우리를 구원하셨다는 신앙고백이 찬양으로 선포되는 곳마다 우리의 온 몸의 세포 하나조차도 온전한 찬양을 위해 사용되었으면 좋겠다. 내 온몸으로 찬양함으로 우리 또한 예수의 흔적을 우리 몸을 통해 드러내는 역사가 있길 간절히 바란다.

"내 손으로 너희에게 이렇게 큰 글자로 쓴 것을 보라 무릇 육체의 모양을 내려 하는 자들이 억지로 너희에게 할례를 받게 함은 그들이 그리스도의 십자가로 말미암아 박해를 면하려 함뿐이라 할례를 받은 그들이라도 스스로 율법은 지키지 아니하고 너희에게 할례를 받게 하려 하는 것은 그들이 너희의 육체로 자랑하려 함이라 그러나 내게는 우리 주 예수 그리스도의 십자가 외에 결코 자랑할 것이 없으니 그리스도로 말미암아 세상이 나를 대하여 십자가에 못 박히고 내가 또한 세상을 대하여 그러하니라 할례나 무할례가 아무 것도 아니로되 오직 새로 지으심을 받는 것만이 중요하니라 무릇 이 규례를 행하는 자에게와 하나님의 이스라엘에게 평강과 긍휼이 있을지어다 이후로는 누구든지 나를 괴롭게 하지 말라 내가 내 몸에 예수의 흔적을 지니고 있노라"(갈 6:11-17).

사명선언문

너희가 흠이 없고 순전하여……세상에서 그들 가운데 빛들로
나타내며 생명의 말씀을 밝혀 _ 빌 2:15-16

1. 생명을 담겠습니다
만드는 책에 주님 주신 생명을 담겠습니다.
그 책으로 복음을 선포하겠습니다.

2. 말씀을 밝히겠습니다
생명의 근본은 말씀입니다.
말씀을 밝혀 성도와 교회의 성장을 돕겠습니다.

3. 빛이 되겠습니다
시대와 영혼의 어두움을 밝혀 주님 앞으로 이끄는
빛이 되는 책을 만들겠습니다.

4. 순전히 행하겠습니다
책을 만들고 전하는 일과 경영하는 일에 부끄러움이 없는
정직함으로 행하겠습니다.

5. 끝까지 전파하겠습니다
모든 사람에게, 땅 끝까지, 주님 오시는 그날까지
복음을 전하는 사명을 다하겠습니다.

서점 안내

광화문점 종로구 신문로 1가 58-1 구세군 회관 2층(110-061)
Tel 02) 737-2288 ㅣ Fax 02) 737-4623

강 남 점 서초구 잠원동 75-19 반포쇼핑타운 3동 2층 전관(137-909)
Tel 02) 595-1211 ㅣ Fax 02) 595-3549

구 로 점 구로구 구로 3동 1123-1 3층(152-880)
Tel 02) 858-8744 ㅣ Fax 02) 838-0653

노 원 점 노원구 상계동 749-4 삼봉빌딩 지하1층(139-200)
Tel 02) 938-7979 ㅣ Fax 02) 3391-6169

분 당 점 경기도 성남시 분당구 서현동 273-1 대현빌딩 3층(463-824)
Tel 031) 707-5566 ㅣ Fax 031) 707-4999

신 촌 점 마포구 노고산동 107-1 동인빌딩 8층(121-806)
Tel 02) 702-1411 ㅣ Fax 02) 702-1131

일 산 점 경기도 고양시 일산구 주엽동 83번지 레이크타운 지하 1층(411-370)
Tel 031) 916-8787 ㅣ Fax 031) 916-8788

의정부점 경기도 의정부시 금오동 470-4 성산타워 3층(484-010)
Tel 031) 845-0600 ㅣ Fax 031) 852-6930

인터넷서점 www.lifebook.co.kr